भारत के तैमूरी लोग

भारतीय संस्कृति के पतन के आरंभ की कहानी

AF571269

सिद्ध शंकर मिश्र

ISBN 979-888521029-4

है प्रणाम उनको जो माँ पर शीश चढ़ा कर चले गए

शीश झुकाना नावाजिब था शीश कटा कर चले गये

वार दिए सिर तलवारों पर धर्म नहीं अपना वारा

टूट गया दम जिनका लेकिन साहस शौर्य नहीं हारा

रक्तबिंदु का अंतिम कतरा भी यह स्वर चिल्लाता था

अपना धर्म नहीं छोड़ूंगा बार-बार दोहराता था

आओ मिलकर शपथ उठाएं अपना धर्म बचाने की

भारत की प्राचीन सभ्यता फिर से वापस लाने की

क्रम-सूची

आमुख

अवश्य पढ़ें

प्रिय मित्र ! सबसे पहले मैं आपको धन्यवाद देना चाहता हूँ कि आपने इस पुस्तक को खोलकर इस पन्ने तक अपनी पहुँच बनायीं। उम्मीद है कि आगे के पन्नों पर भी आपकी पहुँच का क्रम जारी रहेगा। इस पुस्तक को लिखने का मेरा उद्देश्य आपको मध्यकाल के इतिहास से परिचित कराना बिलकुल नहीं है क्योंकि इतिहास का ज्ञान तो आप सभी को मुझसे कहीं अधिक बेहतर है। इस पुस्तक के माध्यम से मैंने भारत की एक ऐसी वर्तमान परिस्थिति का विश्लेषण करने का प्रयास किया है जो हमारी भावी पीढ़ी और भारतीय हिन्दू सनातन संस्कृति के लिए अत्यंत घातक है। हम सभी दिन पर दिन भारत के बिगड़ते हुए हालात को देख रहे हैं ? धर्म निरपेक्षता के नाम पर यहाँ क्या-क्या हो रहा है हम सभी को मालुम है। भारत में धर्म निरपेक्षता का अर्थ अब कट्टरपंथ हो गया है। जो प्रबल होगा वही धर्म को परिभाषित करेगा। इसीलिए लोगों ने अपने धर्म को परिभाषित करने के लिए पत्थर लेकर सड़कों पर निकलना शुरू कर दिया है। धर्म निरपेक्षता (वास्तव में पंथ निरपेक्षता) का अर्थ है कि प्रत्येक पंथ एवं संप्रदाय की भावनाओं का सम्मान किया जाय किन्तु भारतीय परिप्रेक्ष्य में तथाकथित धर्म निरपेक्षता का अर्थ कुछ और ही है। भारतीय परिप्रेक्ष्य में इसका अर्थ है -एक धर्म विशेष के अच्छे-बुरे हर तरह के विचारों का सम्मान करना। यदि आप ऐसा नहीं करेंगे तो आप स्वयं धर्मांध कहलायेंगे और आप का नाम धर्म निरपेक्षता की सूची से बाहर कर दिया जायेगा। हालांकि अब सूरत बदल रही हैं और सनातन समाज में अपने धर्म के प्रति जागरूगता का संचार होने लगा है। लेकिन इस बात में भी कोई संदेह नहीं होना चाहिए कि बदलते हालातके साथ-साथ हमारी चुनौतियाँ भी बढ़ गयी हैं। आप क्या समझते है कि भारत के ये हालात अचानक ही ख़राब हुए हैं ? नहीं। इस देश को अंदर ही अंदर खाने की साजिश वर्षों से चल रही है लेकिन हमने कभी इन बातों पर ध्यान ही नहीं दिया और चुप रहे।

इसी चुप्पी का नतीजा है कि आज बिना किसी संकोच के भारत में तैमूरों का जन्म होना शुरू हो गया है l अगर किसी को बुरा लगता है तो लगे l अगर किसी की भावनाएं आहत होती हैं तो हों, क्योंकि धर्म निरपेक्षता को परिभाषित करना तो किसी एक धर्म का ही अधिकार है l मित्रों, हमने अपनी चुप्पी थोड़ी सी क्या तोड़ी कि हिंदुस्तान में तूफ़ान आ गया l लोग बौखला गए हैं और विद्रोह पर उतर आये हैं l लेकिन हमें अपने अंदर की इस आग को जला कर रखना है क्योंकि यही आग भारत में ऐसी व्यवस्था का निर्माण करेगी जो हमारे देश को सुरक्षित रखने में सक्षम होगी l

मैं कोई इतिहासकार या साहित्यकार नहीं हूँ l कोई विद्वान भी नहीं हूँ l लेकिन माँ सरस्वती की कृपा, गुरुजनों के प्रसाद, माता-पिता के आशीर्वाद, और ईष्ट मित्रों के उत्साहवर्धन से मुझे जो कुछ भी मिला है उसे विचारों के माध्यम से आपके साथ बाँटने का प्रयत्न कर रहा हूँ क्योंकि विचारधारा ही तो वह माध्यम है जिससे कोई राष्ट्र महान और प्रगतिशील बनता है l विचारधारा से एक व्यक्ति चर्चित और महान बन जाता है, तो विचारधारा ही किसी दुसरे व्यक्ति को दुष्ट प्रवृत्ति के लिए कुख्यात बना देती है l स्वामी विवेकानंद, दयानंद सरस्वती, आदि गुरु शंकराचार्य और इनके जैसे अनेक भारतीय विद्वानों को इनके विचारों ने ही तो महान बनाया है साथ ही साथ देश और समाज को एक नई दिशा भी प्रदान की है l नवीन एवं परिशोधित विचारों से ही राष्ट्र निर्माण को एक सकारात्मक दिशा मिलती है l इसलिए आज हमें अपनी विचारधारा का चुनाव करना होगा l हमें निश्चित करना होगा कि सनातन हिन्दू विचारधारा का अनुसरण करते हुए हमें देश और समाज की अस्मिता को सुरक्षित रखना है या ऐसे लोगों की हाँ में हाँ मिलाना है जिनके लिए विचारधारा का अर्थ अपने वर्चस्व को स्थापित करने के लिए मर्यादा की किसी भी सीमा को पार कर देना है l

हिंदुस्तान के एक महान अभिनेता सैफ अली खान ने हिंदुस्तान को लूटने और सनातन संस्कृति को नष्ट कर देने की नीयत से उज्बेकिस्तान से आये तैमूर नामक एक विदेशी आक्रान्ता के नाम पर जब अपने बेटे का नाम रखा तो सुनकर बड़ा आश्चर्य हुआ कि आखिर

ऐसा कौन सा गुण था उस आक्रान्ता में जो खान साहब उसके चरित्र से इतने प्रभावित हो गए कि अपनी संतान में भी उसकी छवि देखने लगे l मैंने तैमूर के चरित्र को जानने का प्रयास किया और उसका जो चित्र उभरकर मेरे सामने आया उसे सबके साथ साझा करने के लिए ही मैंने इस पुस्तक के सृजन का मन बनाया l आप सब पाठकगण मुझसे अधिक शिक्षित और अनुभवी हैं अतः मैं इस बात की आशा करता हूँ कि यदि किसी प्रसंग या घटना का सटीक वर्णन न हो पाया हो तो मुझे क्षमा करें और अपने अमूल्य सुझावों से मेरा मार्गदर्शन करें l

-सिद्ध शंकर मिश्र

प्रस्तावना

वैसेतो भारत विविधताओं का देश है, अनेकता में एकता का देश है, सांप्रदायिक सौहार्द का देश है l यहाँ अनेक सम्प्रदायों को मानने वाले लोग रहते है और वर्षों से रहते चले आ रहे हैं l विभिन्न सम्प्रदाय जैसे- बौद्ध जैन सिख पारसी ईसाई मुस्लिम और भी अनेकों l वर्षों से ये सारे संप्रदाय भारत की संस्कृति का हिस्सा बने हुए हैं l इनमे से कुछ हम ही से अलग होकर संप्रदाय बन गए और कुछ ने बाहर से आकर हमारे यहाँ शरण पाई l भारत की महान सभ्यता और संस्कृति ने दुनिया के सभी सम्प्रदायों को अपने आँचल में शरण दी और दुनियां की तमाम सभ्यताओं को अपने बच्चों की तरह पाला l मगर दुःख की बात है की जिन विदेशी संस्कृतियों का हमने बड़ा दिल दिखाकर स्वागत किया उन्होंने ही आक्रान्ता बनकर हमारी माँ के आँचल को कुचलने में कोई कसर नहीं छोड़ी l हमारी जमीन में घुसकर हमारे घरों पर कब्ज़ा करना, हमारे सामान हमारी संपत्ति को लूटना, हमारे पवित्र मंदिरों को तोडना, और तो और दरिंदगी की सारी सीमाओं को पार करते हुए हमारी माँ बहनों के सम्मान को लूटना, क्षणिक मानसिक आनंद के लिए वहशीपन की चरम सीमा का भी उल्लंघन करते हुए उनके अंगो को काटकर उनके शरीर से अलग कर देना, यहाँ तक की छोटे-छोटे मासूम बच्चों को भी काफ़िर का नाम देकर बेरहम और बेशर्म होकर उनका क़त्ल कर देना – ये हमारे भारत का पिछले एक हज़ार साल का इतिहास रहा है l भारत के इतिहास के इस भाग के पन्ने लाल स्याही से लिखी हुई ऐसी अनगिनत घटनाओं से भरे पड़े है l जब मै ऐसी घटनाओं के बारे में पढता हूँ तो एक अजीब सी ज्वाला से मेरा पूरा शरीर जलने लगता है बदन काँपने लगता है और आँखों से एक अनजानी और अनचाही जलधारा फूट पड़ती है l ऐसी घटनाओं को सुनकर कौन ऐसा सच्चा हिन्दुस्तानी होगा जिसके बदन में झुरझुरी न मच जाती हो, जिसके कलेजे के दुकड़े-टुकड़े न हो जाते हों जिसका खून ज्वालामुखी के समान खौलने न लगता हो और जिसकी जीभ उन आततायियों के रक्त की प्यासी न हो जाती हो l

लेकिन लाल स्याही से लिखे गये इतिहास का ये हिस्सा न हमें कभी बताया गया और न ही किताबों में पढाया गया l ये कौन सी शिक्षा व्यवस्था थी जिसमे हमें अपने वास्तविक इतिहास को जानने से मरहूम रखा गया l क्या इसके पीछे राजनैतिक गतिविधियों में लिप्त सत्ता के लोभी राजाओं का हाथ था जिन्होंने अपनी स्वार्थ सिद्धि हेतु करोड़ों भारतीयों की भावनाओं की परवाह न करते हुए अपनी मर्ज़ी के अनुसार इतिहास को प्रस्तुत किया और हमें वह इतिहास पढने के लिए प्रोत्साहित किया जो उनके निर्बाध सत्ता संचालन के लिए उपयुक्त रहे l मेरे अज़ीज़ मित्रो! भारत का इतिहास ऐसी अजीब और अप्रत्याशित घटनाओं से भरा हुआ है जिनकी किसी को कानोकान खबर नहीं l अगर ऐसी घटनाएं सर्वाजनिक रूप से बाहर निकलकर आ जाए तो लोभी सत्ताओं की ज़डें हिलने लगेंगी l बहरहाल, अब वक्त आ गया है जब भारत देश अपने वास्तविक इतिहास को जानना चाहता है l मेरा ये विश्लेषण भारत जागरूकता की इस कड़ी में एक छोटा सा प्रयास है l

मित्रो! भारत की संस्कृति महान है, अदभुत है पवित्रता और वात्सल्य से परिपूर्ण है l हमारी सभ्यता दुनिया की प्राचीनतम सभ्यता है l हमारा इतिहास हजारों साल पुराना है l हमारी सनातन परंपरा सर्वधर्मसंभाव, वसुधैव कुटुम्बकम और विश्व बंधुत्व के सूत्रों पर चलने वाली है l हम सभी पर विश्वास करते हैं और सभी के दिलों को अपनी अच्छाईयों से जीतना चाहते हैं l किन्तु इसी अच्छाई का फ़ायदा उठाकर धन के लोभी एवं मानवता के शत्रु अनेक विदेशी आक्रान्ताओं ने इस स्वर्ण पक्षी को लूट-लूट कर शमशान बना दिया और अपनी राक्षसी प्रवृत्ति के कुछ चिन्ह भारत में छोड़ गए जिनसे हम आज तक त्रस्त हैं l इन विदेशी ताकतों ने देसी बनकर पुराकाल के इस संकट को और भी गहरा कर दिया है l ये तो हमारी सनातन परंपरा पर ईश्वर की साक्षात् अनुकम्पा है कि इतने बड़े–बड़े विदेशी आक्रमण झेलने के बाद भी यह सुरक्षित है, नहीं तो दुनिया की बड़ी-बड़ी सभ्यताओं ने इनके आतंक के सामने घुटने टेक दिए और सदा-सदा के लिए इन्ही में विलीन हो गईं l

भारत हमेशा से एक धन और वैभव से संपन्न देश रहा है l धन और वैभव की इसी लालसा ने बार–बार मानवता के दुश्मन दरिन्दे

आक्रमणकारियों को भारत की ओर आकर्षित किया है। भारत को सोने की चिड़िया क्यों कहा जाता है इस बात का अनुमान इस घटना से लगाया जा सकता है - ईरानी लुटेरे नादिर शाह ने जब दिल्ली को लूटा तो वह अपने साथ इतनी संपत्ति ले गया जिसे सात सौ हाथियों, चार हज़ार ऊंटों और बारह हज़ार घोड़ों की मदद से खींचा जा रहा था। यह मुग़ल बादशाहों की आठ पीढ़ियों की अकूत संपत्ति थी जो उन्होंने भारतीय राजाओं से लूटकर जमा की थी। ऐसे ही कई बार भारत को इन विदेशी आक्रान्ताओं के द्वारा जी भर कर लूटा गया और मनमाने ढंग से इसका मानमर्दन भी किया गया। इन्ही विदेशी आक्रान्ताओं में एक लुटेरे का नाम दरिंदगी की वरीयता सूची में मंगोल शासक चंगेज़ खान के बराबर समझा जाता है। जो चंगेज़ खान की तरह ही विश्व विजय करके पूरी दुनिया को अपने पैरों तले रौंद डालना चाहता था और इस विदेशी आक्रमणकारी का नाम है **तैमूर**। यह लंगड़ा था अतः इसे तैमूर लंग के नाम से भी जाना जाता है। विश्व के इतिहास में चौदहवीं सदी का एक ऐसा निरंकुश बादशाह जिसने क्रूरता और नीचता की सारी हदें पार कर दीं। जिसके नाम लिखने से ही पुरे विश्व का इतिहास शर्मसार हो जाता है। जिसने धन लूटने के लिए उसे आधार बनाया जिसे वह धर्म कहता था। जिसने इस्लाम को आधार बनाकर भारत के लाखो हिन्दुओ को काफ़िर करार देकर उन्हें मौत के घाट उतार दिया। जिसने औरतों और बच्चों पर तक रहम न खाया, औरतों का सम्मान लूटकर मासूम बच्चों के गले काट दिए। जिसने हिन्दुओं की आस्था के प्रतीक असंख्य पवित्र मंदिरों को नेस्तनाबूत करने में एक पल की भी देर नहीं लगायी और इसे अल्लाह की राह में एक पवित्र कार्य बताया। जिसका पूरा जीवन केवल और केवल लूट और नरसंहार के किस्सों से भरा हुआ है। जिसके कुकर्मों का पूरा बहीखाता प्रस्तुत करना साधारण मानव के बस की बात नहीं। इतिहास के ऐसे नीच लुटेरे और हैवानियत के पर्याय तुर्की लुटेरे के नाम पर हमारे भारतवर्ष के एक महान अभिनेता कहे जाने वाले व्यक्ति ने अपने बेटे का नाम रखा – **तैमूर**। क्या बात है ! हिंदुस्तान भी अजीब देश है ! यहाँ लोग भाईचारे के नाम पर क्या–क्या करते है। यहाँ कुछ लोग बार-बार ऐसे चेहरों को हमारे सामने लाकर हमें चिढ़ाने की कोशिश करते हैं जिनका

नाम लेना तो दूर की बात हम उनका नाम सुनना तक पसंद नहीं करते l जो इतिहास में हमारे दुश्मन हैं l वो बात अलग है कि हमारी भावनाएं आहत होने पर न तो देश का तथाकथित सेकुलरिज्म खतरे में पड़ता है और न ही लोकतंत्र l वहीं दूसरी तरफ हम भाईचारे और सांप्रदायिक सौहार्द की बांसुरी लेकर उनके सामने ऐसे बजाते रहते है जैसे भैंस के सामने बीन बजाई जाती है, जिसका उन पर कोई असर नहीं होता l कुछ भी हो लेकिन यह घटना हिन्दुस्तानियों को सोचने पर मजबूर अवश्य करती है l हमें सोचना चाहिए की आज भी एक खास वर्ग तैमूर बाबर और औरंगजेब जैसे आक्रान्ताओं का इतना प्रशंसक क्यों है ? यह हमें यह सोचने पर विवश करता है कि क्या हिंदुस्तान में एक विशेष प्रकार का एजेंडा चला कर एक बार फिर एक हज़ार साल पहले का समय लाने का प्रयास किया जा रहा है l यदि ऐसा है तो भारत को जागना होगा l जागना होगा उन युवाओं को जो एक स्वर्णिम और सुरक्षित भविष्य का सपना संजोये अपनी आने वाली पीढ़ियों के लिए दिन रात मेहनत किये जा रहे हैं l हमें यह समझना होगा कि तैमूर जैसे लोग हमारे आदर्श कतई नहीं हो सकते और न ही इनसे सम्बन्ध रखने वाले लोग हमारे भाई हो सकते हैं l ये केवल और केवल हमारे दुश्मन हो सकते हैं और कुछ नहीं l

खैर, हमारी जागो भारत श्रंखला का आरंभ जब तैमूर से हुआ है तो तैमूर के जीवन पर थोडा प्रकाश डालना अति आवश्यक है जिससे इस महान शासक की महानता का पता पुरे भारतवर्ष को चले और पैसे के नशे में चूर इन नेताओं-अभिनेताओं, जिनकी रोटी केवल भारत की जनता के रहमोकरम पर चलती है, को यह पता चले कि हिंदुस्तान की अवाम अब बेवकूफ नहीं है l

भारत के तैमूरी लोग

था तो वह एक निर्मम राजा डाकू से पर कम न था

कट्टरता का परम पुजारी दिल में तनिक रहम न था

बड़े गर्व से कहता था वह मैं इस्लाम का बेटा हूँ

हुकमरान इस्लाम के खातिर प्राण हज़ारों लेता हूँ

दो करोड़ लोगों का जीवन अपने जीवन काल में

छीन लिया निर्ममता से वह स्यार सिंह की खाल में

उस ज़ालिम के परम पुजारी भारत हेतु कर्क का रोग

जिन पर मैंने लेख लिखा यह भारत के तैमूरी

विमल पताका

कई बार एक धर्म ध्वजा ने भालों के हैं वार सहे

कई बार उस विमल पताका ने अपने दुःख दर्द कहे

कई बार बन कर रण में तलवार शत्रु पर टूट पड़ी

कई बार करुणा कृन्दन की धार भी इससे फूट पड़ी

किन्तु करूण कृन्दन इसका हिस्सों-हिस्सों में निपट गया

और विशाल भारत एक छोटे से टुकड़े में सिमट गया

1

तैमूर और भारत

तैमूर- एक ऐसा नाम जिसे सुनते ही दिमाग में एक ऐसे शख्स की तस्वीर उभर कर आती है जिसे कोई भी मानवतावादी और इंसानियत से प्रेम करने वाला व्यक्ति देखना पसंद नही करेगा और न ही उसके बारे में सुनना पसंद करेगा। लेकिन वक्त का तकाजा है कि आज हमें हिंदुस्तान के सबसे बड़े दुश्मनों में से एक, इस्लाम के कट्टर अनुयायी और मानवता के इस घोर शत्रु के बारे में कुछ जानकारी हासिल करनी पड़ेगी, जिससे हम इन जैसे लुटेरी शख्सियतों की नीति में विश्वास रखने वाले, और धर्म निरपेक्षता का मुखौटा पहने लोगो के काले चेहरों को हिंदुस्तान की अवाम के सामने बेनकाब कर सके।

तैमूर- जिसका जन्म हुआ ६ अप्रैल १३३६ ई० को उज्बेकिस्तान के एक शहर शहर-ए-सब्ज़ में। उज्बेकिस्तान के सबसे बड़े शहरों में से एक समरकंद से महज़ अस्सी किमी दूर। पिता का नाम आमिर तुरगाई। कहा जाता है कि इसका बचपन गरीबी में बीता। पैसे की कमी थी लेकिन सपने बहुत बड़े थे। मन में दुनिया को जीत लेने की चाहत थी। राजमहलों जैसा सुख भोगने की ख्वाहिश थी। रईसों के बच्चे जब रेशमी कपडे पहेनकर निकलते थे तो उसके मन में भी इच्छा होती थी कि वह भी ऐसे ही सुख को भोगे। अपनी छोटी-छोटी ख्वाहिशों को पूरा करने के लिए उसने बचपन में ही छोटी-छोटी चोरियां करना शुरू कर दिया। ये छोटी चोरियां कब बड़ी डकैतियों में बदल गयी पता ही नहीं चला। मत्वाकांक्षाएं

मनुष्य को हर वो काम करने के लिए उकसाती हैं जो उसे नहीं करने चाहिए l अति महत्वाकांक्षा सही-गलत अच्छे-बुरे और उचित-अनुचित के भेद को मिटा देती है l और इस बात में कोई शक नहीं कि तैमूर एक अति महत्वाकांक्षी व्यक्ति था l वह तलवार के जोर पर पूरी दुनिया को जीत लेना चाहता था l युवावस्था आते-आते वह एक कुख्यात डकैत में बदल चुका था l उसका एक सशक्त और सक्रिय गिरोह तैयार हो चुका था l लोगो को लूट कर उनके धन को हड़प लेना अब यही उसका व्यवसाय था l वह इतनी दौलत इकट्ठा करना चाहता था की पीढ़ियों तक ख़त्म न हो l और इसी महत्वाकांक्षा में वह वो करता चला गया जिसने उसे इतिहास के सबसे खूंखार आक्रान्ताओं में से एक बना दिया l

१४वी शताब्दी में इस्लाम को शुरू हुए लगभग सात सौ वर्ष बीत चुके थे l उसके पिता ने उसके बचपन में ही इस्लाम स्वीकार कर लिया था l क्यों- इस कारण का पता नहीं l अतः तैमूर भी इस्लाम का एक कट्टर अनुयायी बन गया l इस्लामिक मान्यता के अनुसार उसे काफिरों (गैर मुस्लिम) से घोर घृणा होने लगी l अतः वह दुनियां से इस्लाम को न मानने वालों का नामोनिशान मिटाकर एकछत्र इस्लाम का राज्य स्थापित करना चाहता था l आगे चलकर काफिरों के प्रति अपार नफरत और अतुल्य दौलत पाने की लालसा ने ही उसे भारत जैसे देश की ओर आकर्षित किया l

तैमूर कुख्यात मंगोल शासक चंगेज़ खान से ख़ासा प्रभावित था l बर्बरता और लालसा के मामले में वह सदैव चंगेज़ खान की बराबरी करने की कोशिश करता था l वह स्वयं को चंगेज़ खान का ही वंशज कहता था और उसी की तरह दुनिया को कुचलने की हसरत रखता था l चंगेज़ खान की तरह ही वह स्वयं को एक निरंकुश और बर्बर लड़ाका बनाना चाहता था l हालाँकि इस बात की कोई पुष्टि नहीं की वह चंगेज़ खान का वंशज था या नहीं l इतिहास उसके बारे में यही जानकारी देता है कि वह एक तुर्क शासक था जिसके पिता ने इस्लाम स्वीकार कर लिया था l तैमुर ने जब आगे बढ़ना शुरू किया तो पीछे मुड़कर नहीं देखा l अपने घोड़ों की टापों के नीचे कुचले जाने वालों के लिए उसने मानवीयता और अमानवीयता में भेद नहीं किया l उसके बर्बर कदम निरंकुश बढ़ते चले

जा रहे थे जिन्हें रोकने वाला शायद कोई नहीं था । बर्बरता एवं दुष्टता के मामले में उसने महानं मंगोल शासक चंगेज़ खान को भी पीछे छोड़ दिया । इतिहासकारों के अनुसार २५ वर्ष की अवस्था में एक लडाई के दौरान उसका दाहिना पैर कट गया और वह तैमूर से तैमूर लंग हो गया ।

सन १३६९ में समरकंद के राजा की अनायास मृत्यु हो गयी । तैमुर ने इस अवसर का पूरा लाभ उठाया और समरकंद की गद्दी पर कब्ज़ा कर लिया । अब वह समरकंद का राजा बन चुका था । अब उसके पास पहले से कई गुना अधिक दौलत भी थी और ताकत भी । लेकिन वह और दौलत इकट्ठा करना चाहता था, और ताकतवर बनना चाहता था । दौलत का नशा होता ही ऐसा है । दौलत जितनी बढती है उसकी हवस उससे दो गुनी मात्रा में बढती है । दौलत की इसी हवस ने उसे बाहर का रास्ता अख्तियार करने के लिय प्रेरित किया । अपनी पूरी शक्ति से उसने दिग्विजय का कार्य प्रारंभ कर दिया । सैन्य व्यवस्था के मामले में उसने चंगेज़ खान को ही अपना आदर्श बनाया । उसने चंगेज़ खान के बारे में काफी अध्ययन किया था अतः अपनी सैन्य व्यवस्था और अपनी युद्ध नीति को उसने वैसा ही बनाया जैसा कि कभी चंगेंज़ खान बनाया करता था । वह बड़ी ही क्रूरता और निष्ठुरता के साथ दूर देशों पर आक्रमण करता था और उन्हें जीतकर तहस नहस कर देता था । राज्य के गावों में जबरन घुसकर और उन्हें लूटकर शमशान बना देता था । सुंदर औरतों को अपने पास रख लेता था और पुरुषों को गुलाम बना लेता था । सन १३८० से १३८७ के बीच उसने इसी क्रूरता के साथ कई राज्यों को अपने अधीन कर लिया । खुरासान, सीस्तान फारस, अज़रबैजान, कुर्दिस्तान और अफ़ग़ानिस्तान जैसे कई राज्य उसकी सत्ता में शामिल हो गये । वह इन विजयों से उत्साहित था । किन्तु उसकी सत्ता और दौलत की भूख अभी समाप्त नहीं हुई थी । अभी तो दुनिया का एक छोटा सा हिस्सा ही वह जीत सका था । उसे तो अभी पूरी दुनियां को अपने पैरों तले कुचलना था । बर्बरता और दरिंदगी की एक नयी इबारत लिखनी थी । उसने भारत की ओर मुड़ने का मन बनाया । भारत की महानता के बारे में उसने बहुत सुन रखा था । भारत का वैभव पूरी दुनिया में प्रसिद्ध था । उसे पता था की भारत में स्वर्ण और रजत का अपार भण्डार है । वह जानता था

कि भारत के पास इतना स्वर्ण है कि विश्व की कई सभ्यताएं वर्षों तक पालयित हो सकती हैं l इसी अकूत सम्पदा को हासिल करने के लिए उसने भारत पर आक्रमण का मन बनाया l सिकंदर ने भी अपने विश्व विजय के अभियान के दौरान कहा था – **"जब तक मैं भारत को नहीं जीत लेता तब तक मेरी विश्व विजय का अभियान अधूरा रहेगा"**l अर्थात भारत की यही सम्पन्नता दुनिया भर के लुटेरे राजाओं के मन में सदा खटकती रही है l

तैमूर भारत पर आक्रमण का मन बना चुका था l लेकिन वह जनता था की वह ये काम अकेला नहीं कर सकता है l अतः अपने मंतव्य की पूर्ति के लिए उसने अपने सरदारों की एक सभा बुलाई और उनके सामने अपना मंतव्य प्रस्तुत किया l उसके सरदारों ने एक दूरस्थ देश पर आक्रमण के लिये अपनी मनाही ज़ाहिर कर दी l लेकिन तैमूर भारत पर आक्रमण का मन बना चुका था l बस किसी तरह उसे अपने सरदारों को मनाना था और सेना इकट्ठी करनी थी l अतः उसने सरदारों को हिंदुस्तान पर आक्रमण हेतु राज़ी करने के लिए एक तरकीब सोची l उस समय इस्लाम का प्रसार ज़ोरों पर था l इस्लाम में आस्था रखने वाले लोग गैर मुस्लिमों और मूर्ति पूजकों को काफ़िर कहते थे और इनका क़त्ल करना इस्लाम और अल्लाह की राह में एक पवित्र कार्य माना जाता था l ध्यातव्य हो कि राष्ट्र की धारणा से इतर इस्लामिक उम्मत में विश्वास रखने वाले मुस्लिम समाज का एक खास वर्ग आज भी इस कुविचार से उबर नहीं पाया है l यही कारण है कि आज भारत ही नहीं अपितु पूरे विश्व को इस्लामिक आतंकवाद ने अपनी चपेट में ले रखा है l और इससे फायदा हो रहा है तैमूर जैसे अधर्मी और लालची लोगों का जो अपने स्वार्थ का आटा सेंकने के लिए मासूम और अनपढ़ लोगों को बहकाकर आतंकवाद के गहरे दलदल में डाल देते हैं l मुझे समझ नहीं आता कि इस्लाम का वास्तविक स्वरुप यही है या कुछ और l लेकिन जो भी है वर्तमान हालात को देखते हुए भारत के बहुसंख्यक समाज और मानवीयता के सिद्धांत में विश्वास रखने वाले लोगों को इस सन्दर्भ में एक कड़ी पहल अवश्य करनी होगी l

तैमूर का इरादा अटल था l वह किसी भी कीमत पर भारत की दौलत को हासिल करना चाहता था l अतः उसने अपने सरदारों को समझाया- भारत काफिरों का मुल्क है l यहाँ बुत परस्त लोग पाए जाते है l इनका अल्लाह की हुकूमत में भरोसा नहीं है l ये बुतों को अपना साहिब-ए-मसनद समझते हैं l उन्हें अल्लाह से बढ़कर मानते है l ये इस्लाम के खिलाफ है l इसलिए दुनिया पर इस्लाम की हुकुमत को कायम रखने के लिए भारत जैसे मुल्क पर हमला बेहद ज़रूरी है l

इस्लाम में पवित्र एवं सर्वोपरि मानी जाने वाली किताब का हवाला देकर तैमूर लंग ने अपने सरदारों को भारत पर हमले के लिए राज़ी कर लिया l तैमूर का लश्कर तूफ़ान की तरह दुनिया से काफिरों का अंत कर देने के लिए आगे बढ़ने को तैयार हो गया l कुछ इतिहासकार कहते हैं कि भारत में इस्लाम की हुकूमत कायम करना तमूर का गौड़ उद्‌देश्य था, उसका प्राथमिक उद्‌देश्य तो भारत की अथाह दौलत को लूटना था लेकिन उसने अपने सरदारों को इस्लाम का वास्ता देकर भारत पर आक्रमण के लिए राज़ी किया l यदि इस मत को मानें तो उसने तो उस तथाकथित विचारधारा के प्रति भी ईमानदारी नहीं दिखाई जिसे वह पवित्र मज़हब कहता था l इससे उसकी मक्कारी और मौकापरस्ती साफ़ छलकती है l किन्तु इस बारे में ब्रिटिश साहित्यकारों का कुछ और ही मत है l ब्रिटिश इतिहासकार **विन्सेंट ए स्मिथ**द्‌वारा रचित पुस्तक **द ऑक्सफ़ोर्ड हिस्ट्री आफ इंडिया : फ्रॉम द अर्लिएस्ट टाइम टू द एंड ऑफ़ 1911**के अनुसार भारत में तैमूर के आक्रमण का मुख्य उद्‌देश्य सनातन संस्कृति को नष्ट करके भारत में इस्लाम का परचम फहराना था l क्योंकि दिल्ली में कत्लेआम करते समय उसने उन क्षेत्रों को छोड़ दिया जो मुस्लिम बाहुल्य थे और केवल उन्ही स्थानों को निशाना बनाया जहाँ हिन्दुओं की आबादी निवास करती थी l दुःख की बात है कि हमारे महान देश में भी ऐसे ज़लील और मक्कार आक्रान्ताओं के नाम पर लोग अपने बच्चों का नाम रखने में शर्म की बजाय गर्व महसूस कर रहे हैं l हिन्दुस्तानियों तनिक तो विचार करिए l

सन १३९८ में दिल्ली पर तुगलक वंश का शासन था l सुल्तान फ़िरोज़ शाह तुगलक के उत्तराधिकारियों की सत्ता कमज़ोर पड़ने लगी

थी l उसके अयोग्य उत्तराधिकारी सत्ता के संचालन में प्रभावहीन सिद्ध हो रहे थे l तैमूर के लिए यह बहुत ही अच्छा अवसर था l उसके लिए एक राजनीतिक रूप से कमज़ोर रियासत की हुकूमत को कुचलना कोई कठिन कार्य नही था l सन १३९८ के प्रारंभ में उसने अपने पोते पीर मोहम्मद को भारत पर आक्रमण के लिए भेजा l पीर मोहम्मद ने सबसे पहले मुल्तान (वर्तमान में पाकिस्तान का एक शहर) पर घेरा डाला और उस पर अपना अधिकार कर लिया l सन १३९८ अप्रैल के महीने में तैमूर ने समरकंद से भारत की ओर कूच किया और सिन्धु, झेलम तथा रावी नदियों को पार करते हुए मुल्तान से कुछ दूर तुलुम्बा नाम के नगर में पंहुचा l ये भारत में उसके विध्वंसकारी कार्यों का आरंभ था l उसने इस नगर को बेतहाशा लूटा l अनगिनत लोगों को क़त्ल कर दिया l बहुतों को गुलाम बना लिया l लाशों का अम्बार लगाते हुए उसका कारवां आगे बढ़ता चला जा रहा था l रास्ते में जो भी आता था वह कुचल दिया जाता था l औरतों और बच्चों पर कोई दया नहीं दिखाई जाती थी l गाँव के निर्दोष किसानों के सिर वह गाज़र मूली की भांति काट देता था l ऐसे बर्बर और आततायी राजा संसार में बहुत कम ही हुए होंगे l इसी प्रकार का आतंक करते हुए उसने मुल्तान और भटनेर के साथ कई रियासतों पर कब्ज़ा करके उन्हें शमसान बना दिया l हिन्दुओं के असंख्य मंदिरों को तोड़ डाला और हिन्दुओं की आस्था का प्रतीक पवित्र देव मूर्तियों को पैरों तले कुचल दिया l उसके मार्ग में जो भी आता था चाहे वे विद्या का दान देने वाले विद्वान ब्राह्मण हों या खेतों में काम करने वाले परिश्रमी निर्धन और निर्दोष किसान, उसकी शमशीर किसी भी काफ़िर को मौत के घाट उतारने में शर्म नहीं करती थी l वह हिन्दुओं के सर काट देता था और मुसलमानों को गुलाम बनाकर सेना में भरती कर लेता था और काफिरों के विरुद्ध युद्ध लड़ने के लिए प्रेरित करता था l अब उसकी मंजिल दिल्ली थी अतः उसका कारवां इंसानियत को शर्मसार कर देने वाले निर्लज्ज इरादों के साथ दिल्ली की ओर चल पड़ा l

सल्तनत काल में दिल्ली सत्ता का एक प्रमुख केंद्र था l हर बादशाह दिल्ली पर शासन करने की चाहत रखता था क्योंकि दिल्ली में संपत्ति का अथाह भंडार था l दिल्ली भारत का हृदय था और आज भी है l इसीलिए

समय-समय पर विदेशी आक्रान्ता दिल्ली पर कब्ज़ा करने की कोशिश करते रहते थे l दिसम्बर के महीने में वह दिल्ली के निकट पहुँच गया l अपनी छावनी में उसने एक लाख हिन्दू युद्ध बंदियों को निर्ममता के साथ क़त्ल कर दिया l उनका कसूर बस इतना था की उन्होंने इस्लाम को स्वीकार करने से इंकार कर दिया था l दिल्ली का तत्कालीन सुल्तान नासिरुद्दीन महमूद शाह तुगलक तैमूर से युद्ध करने की स्थिति में नहीं था उसकी कमज़ोर सैन्य व्यवस्था तैमूर के विशाल लश्कर के साथ युद्ध के लिए तैयार नहीं थी l फिर भी उसने लगभग पचास हज़ार सिपाहियों की सैन्य शक्ति लेकर पानीपत के निकट तैमूर का सामना किया l इस लड़ाई में महमूद शाह बुरी तरह पराजित हुआ और उसे मैदान छोड़कर भागना पड़ा l उसकी सेना असंगठित होकर बिखर गयी और दिल्ली पर तैमूर का कब्ज़ा हो गया l भारत में यह तुगलक वंश का अंत और तैमूरी युग का आरंभ था l अगले दिन उसने दिल्ली नगर में प्रवेश किया l प्रवेश करते ही उसने वहशियत का ऐसा तांडव फैलाया जिसे देखकर बड़े-बड़े दरिन्दो की रूह भी काँप जाय l उसने नगर को बुरी तरह लूटना शुरू कर दिया l पीढ़ियों से संचित की हुई दिल्ली की अकूत संपत्ति को लूटकर उसने अपने लश्कर में शामिल कर लिया l उसने सीधे तौर पर दिल्ली के हिन्दू मंदिरों को तोड़ डालने और मूर्तियों को कुचल देने का आदेश दिया l उसने हिन्दुओं को पकड़कर क़त्ल कर देने और मुसलमानों को गुलाम बना लेने का आदेश दिया l उसने सुंदर औरतों को अपनी रखैल बना लिया और सामान्य स्त्रियों को कनीजों में शामिल कर लिया l जिन्होंने उसकी बात मानने से इंकार किया उसे बेरहमी के साथ क़त्ल कर दिया गया l उसने शिल्पकारों और अच्छे कारीगरों को कैद कर लिया और उन्हें अपने साथ समरकंद ले गया l इतिहासकारों के अनुसार इन कारीगरों के द्वारा उसने उज्बेकिस्तान में बेहतरीन इमारतों का निर्माण कराया जिसमे जामा मस्जिद एक प्रमुख ईमारत है l पांच दिनों तक तैमूर का यह वहशी आतंक दिल्ली की गलियों में चलता रहा l दिल्ली की गलियां तैमूरी यातनाओं की चीत्कारों से गूँज उठी l इनमे हिन्दुओं की चीखें भी थी और कुछ मुसलमानों की आहें भी l याचना करती हुई करूण वेदना से पूरा आकाश गुंजायमान हो गया l आतंक के इस कहर

को देखकर बेचारी दिल्ली का कलेजा भी दर्द से फटने लगा l निराशा के कारण उसकी दीवारें चटकने लगीं l लेकिन निर्मम हत्यारों का दिल ना पसीजा l दौलत के भूखे उन वहशी दरिंदों की नंगी शमशीरें हिन्दुओं के खून की प्यासी होकर दिल्ली की सड़कों पर पांच दिनों तक अपने आतंक का प्रदर्शन करती रहीं l दिल्ली की आत्मा चीख-चीख कर कहती रही-

"ऐ हिंदुस्तान के लोगों, तुम्हारी आपसी लड़ाईयों ने आज हिंदुस्तान को कहाँ लाकर खड़ा कर दिया है l तुम्हारे छोटे-छोटे आपसी झगड़ों के कारण कई बार मेरे आँचल को विदेशियों के द्वारा कुचला गया l कभी महमूद गजनवी, कभी मोहम्मद गौरी तो कभी अलाउद्दीन खिलजी l इन जैसे तमाम विदेशियों ने बार-बार तुम्हारी माँ के शरीर को नोच-नोच कर खाया है l तुम्हारी आपसी लड़ाईयों ने मुझे इन्द्रप्रस्थ से दिल्ली बना दिया और दरिंदो के हाथों में सौप दिया जहाँ मुझे अपने ईश्वर को याद करने तक की आजादी नहीं है l तुम्हारी धरती महान है l तुम्हारा देश महान है l क्या तुम भूल गए कि तुम्हारी धरती विद्वानों की धरती है l तुम्हारी धरती वीरों महावीरों की धरती है l तुम्हारी धरती त्यागी और बलिदानियों की धरती है l इसी धरती पर मर्यादा पुरोषोत्तम श्रीराम जैसे महापुरुष ने जन्म लेकर पृथ्वी को रावण जैसे अधर्मी आततायी के आतंक से मुक्ति दिलाई थी l इसी धरती पर योगयोगेश्वर भगवान् श्रीकृष्ण ने जन्म लेकर महाभारत के माध्यम से मानवता के लिए गीता का महान सन्देश प्रस्तुत किया था l इसी धरती पर परशुराम जैसे गुरु योद्धाओं ने अपने फरसे से अधर्मियों और पापियों के सरों को २१ बार काटा था l तुम्हारी परंपरा सदैव एकत्व और वीरत्व से परिपूर्ण रही है l क्या तुम भूल गए सिंध के उस महान योद्धा राजा दाहिर को जिसने १४ बार इन कट्टरपंथियों के हमलों को धुल चटाई थी और अंत में परिवार सहित अपने प्राणों का बलिदान दे दिया था लेकिन उसने अपने सर को इनके सामने कभी झुकने नहीं दिया l आज तुम्हारे वीरत्व को कौन सा जंग लग गया है l आज तुम्हारी एकता को किसकी नज़र लग गयी है l तुमने ज़मीन के छोटे-छोटे टुकड़ों के लालच में मेरे भारत की एकता का क़त्ल कर दिया है l राज्य की लालसा ने तुम्हारे पौरुष को इतना बलहीन बना दिया है की तुम इन बौने सियासतदानो के क़दमों में अपने सर को

झुकाकर अपमानित होने को मजबूर हो गए हो l अगर तुम संगठित होकर लड़ते तो कोई तुगलक या तैमूर तुम्हारी माँ की ओर आँख उठा कर देखने तक की हिमाकत न कर पाता l लेकिन तुम्हारे आपसी झगड़ों ने सब बर्बाद कर दिया l धिक्कार है तुम पर l इतिहास तुम्हे इसके लिए कभी माफ़ नहीं करेगा l यदि तुम चाहते हो कि तुम्हारी आने वाली पीढियां तुम्हारी तरफ ऊँगली न उठाएं तो उठो अब भी वक्त है l आपस में लड़ना छोड़कर इकट्‌ठे हो जाओ और एक साथ मिलकर अपने पौरुष का प्रदर्शन करो l बता दो इंसानियत के दुश्मन इन अल्लाह के फरेबी भक्तों को कि दुनियां बनाने वाले उस महान ईश्वर पर केवल तुम्हारा अधिकार नहीं है जिसे तुम अल्लाह का नाम देकर समय-समय पर अपने फायदे के लिए इस्तेमाल करते हो l इन्हें बता दो कि हिंदुस्तान की शमशीरों का लोहा अभी गला नहीं है l याद करो अपने महान पूर्वजों को और टूट पड़ो इन दैत्यतुल्य मूर्ति विध्वंसकों पर और ऐसा सबक सिखाओ कि इनकी आने वाली नस्लें भी भारत वर्ष का नाम सुनते ही भय से थर्रा जाएँ l इतिहास तुम्हारे इस बलिदान को सदैव याद रखेगा l अपना कर्म करो और विजयश्री तुम्हारे चरणों में होगी l”

ये दिल्ली की चीख थी जो आज से लगभग ६२२ वर्ष पहले उठी थी l दिल्ली चीखती रही लेकिन आतंक के इस शोर में उसकी आवाज़ को सुनने वाला कोई नहीं था l शायद दिल्ली की वह चीख आज तक हिंदुस्तान के किसी भी कोने तक नहीं पहुँच सकी है l महज़ पांच दिनों के इस आतंक ने दिल्ली को शहर से शमशान बना दिया l दिल्ली की दीवारों को निर्दोष हिन्दुओं के सरों से सजाया गया और चौराहों पर मुंडों की मीनारें बनायीं गयी l खून के बहाव से दिल्ली की नालियाँ नदियों की तरह उफनाने लगी l दिल्ली की ये दशा शायद पहले कभी न हुई थी l तैमूर १५ दिनों तक दिल्ली में रहा इसके बाद यहाँ से हासिल की हुई दौलत और गुलामों को साथ लेकर वापस समरकंद के लिए रवाना हो गया l जाते वक़्त उसने खिज्र खां नामक अपने एक सिपहसालार को मुल्तान और उसके आधीन क्षेत्रों का सरदार घोषित कर दिया जिसने आगे जाकर दिल्ली में सय्यद वंश की स्थापना की l

2

हिंदुत्व से घृणा

मेरे अजीज़ मित्रों ! भारत की महानता के गीत हम कभी गाते नहीं थकते हैं। "सारे जहाँ से अच्छा हिन्दोस्तां हमारा" लेकिन हमें ये भी नहीं भूलना चाहिए की इसी गीत को लिखने वाली महान शख्सियत ने सबसे पहले मुसलामानों के लिए अलग देश पाकिस्तान बनाने का विचार प्रस्तुत किया था। इस महान शख्सियत में इतना जल्दी ये वैचारिक परिवर्तन कैसे आया। एक तरफ तो वे हिन्दुस्तान की महानता के गीत गा रहे थे लेकिन भारत की आजादी की एक हल्की सी उम्मीद जागते ही उन्होंने अपनी कौम के लिए एक अलग मुल्क की माग करनी शुरू कर दी। विचारों में आया ये परिवर्तन अकस्मात् तो नही हो सकता।

हमारे देश में तथाकथित सेकुलरिज्म का मुखौटा ओढ़े एक वर्ग ऐसा भी रहा है जिसने इतिहास के नाम पर हमें छलने के अतिरिक्त और कुछ नहीं किया है। वास्तविक इतिहास को अतीत के गहरे गड्ढो में दफन कर दिया गया और राजनीतिक सुविधानुसार निर्मित इतिहास को हमारे सामने प्रस्तुत किया गया। इस इतिहास में इन विदेशी आक्रान्ताओं की वास्तविक क्रूरता को कभी स्पष्ट रूप से दर्शाया नही गया उलटे इनके द्वारा मंदिरों के विध्वंस किये जाने को राजनीतिक दृष्टि से किये गए कार्य के रूप में दिखाया गया। आज भी कुछ तथाकथित सेकुलर, किन्तु वास्तव में वामपंथी, कहे जाने वाले इतिहासकार अपने इन्ही मंसूबों को अंजाम देने में लगे रहते हैं। किन्तु यदि हम इन आक्रान्ताओं या

इनके तत्कालीन इतिहासकारों के द्वारा लिखी गयी आत्मकथाओं और जीवनियों का अध्ययन करे तो इन्होने स्वयं ही अपनी क्रूरता का बखान बड़े गर्व से किया है l हमने पिछले अध्याय में तैमूर की क्रूरता के बारे में जो वर्णन किया वह तो मात्र किसी फिल्म के ट्रेलर की तरह है l लेकिन यदि कोई सच्चा और अभ्यस्त इतिहासकार ईमानदारी के साथ इसका वर्णन करता तो निश्चित ही आप अपने आँखों के पानी और हृदय के उबाल को रोक नहीं पाते l

आज देश का युवा अपने वास्तविक इतिहास को जानने के लिए उत्सुक है l वह जानना चाहता है की हमारे राष्ट्र की अमूल्य संपत्ति को नष्ट करने वाले आतंकियों को एक नायक की भांति क्यों प्रस्तुत किया गया l १४वी शताब्दी के महान आतंकवादी तैमूर लंग के बारे में भी इसी पंथ निरपेक्ष भावना का प्रदर्शन तथाकथित इतिहासकारों के द्वारा किया गया l हमारे देश की लोभी सरकारों ने कभी इस बात पर प्रश्न नहीं उठाया और अपने वोट बैंक को सुरक्षित रखने के लिए ऐसी राष्ट्र विरोधी शक्तियों को सदैव संरक्षण प्रदान किया जिसके परिणामस्वरूप तपस्वियों की भूमि और भारत का स्वर्ग कहे जाने वाले कश्मीर में हमारे ही दूध पिलाये हुए सपोलों ने सर उठाना शुरू कर दिया और भारत की अस्मिता और गौरव के प्रतीक हमारे तिरंगे को नमन करने से इनकार कर दिया l देशद्रोह के आरोप में ऐसे द्रोहियों को मृत्युदंड दिया जाना चाहिए l

आईये तैमुर के विषय में भी कुछ ऐसे तथ्यों पर दृष्टि डालते है जो प्रमाणिक भी है और उसकी बर्बरता के परिचायक भी l विकिपीडिया के एक लेख के अनुसार तैमूर इतिहास के सबसे बर्बर डरावने और वहशी शासकों में से एक है l जैसा कि हम पहले ही बता चुके हैं कि वह स्वयं को चंगेज़ खान का वंशज कहता था और स्वयं को उसी की भांति बनाना चाहता था l वह इतिहास का दूसरा चंगेज़ खान बनना चाहता था l अपने विजय अभियान के पथ में आने वाले किसी भी व्यक्ति पर वह रहम नहीं करता था l मध्य एशिया के मंगोल उसके शासनकाल के दौरान मुसलमान बन चुके थे l लेकिन लूट के दौरान वह इन पर भी मुलायमियत नहीं बरतता था l नरमुंडों के ऊँचे-ऊँचे स्तूप बनाना उसका

शौक था। मानव सरों की लम्बी-लम्बी दीवारें बनाने में उसे बड़ा मज़ा आता था। उसने जहाँ-जहाँ भी प्रवेश किया उसकी विध्वंसकारी नीतियों ने उन क्षेत्रों को पूरी तरह से तबाह कर दिया। एक और स्रोत के अनुसार अपने पूरे जीवन काल में उसने लगभग दो करोड़ लोगो का कत्ल किया। यदि हम इसका गणितीय आकलन करें तो अपने ६९ वर्ष के जीवन काल में वह प्रतिदिन लगभग ८०० लोगो का क़त्ल करता था। यानि उसके एक दिन के जीवन की कीमत ८०० लोगो को अपना सर कटा कर अदा करनी पड़ती थी। ऐसे हत्यारों को भारत के कुछ लोग अपना आदर्श बनाने में गर्व का अनुभव कर रहे हैं। बताईये इन पर आई० पी० सी० की किस धारा के अंतर्गत मुकदमा चलाया जाना चाहिए।

यूँ तो तैमूर एक बर्बर एवं वहशी शासक था। धर्म का कोई सच्चा अनुयायी कभी उसे अपना आदर्श मानने की भूल नही कर सकता है। किन्तु तैमूर के बारे में यह बात भी जगजाहिर है कि वह हिन्दुओं से विशेष नफरत करता था। हिन्दुओं के प्रति उसकी इसी नफरत ने भारत पर किये गए आक्रमण को इतना क्रूर और भयानक बना दिया। उसके शासनकाल के दौरान विश्व के अधिकांश क्षेत्र इस्लामिक हो चुके थे किन्तु भारत का हिन्दू समाज अब भी सनातन परंपरा का झंडा हांथो में लिए सीना ताने दुनिया के सामने खड़ा था। तैमूर इस झंडे को अपने पैरों तले कुचलकर पूरी दुनिया में इस्लाम का राज्य स्थापित करना चाहता था। इसीलिए उसका भारत पर किया गया आक्रमण सबसे भयानक एवं बर्बर था। हिन्दुओं के प्रति उसकी नफरत उसकी आत्मकथा तुजुक-ए-तैमूरी के कुछ भागों में साफ़ छलकती है। उसने अपनी आत्मकथा की शुरुआत कुरानकी इस आयत से की है –

"ऐ पैगम्बर काफ़िरों और विश्वास न लाने वालों से युद्ध करो और उन पर सख्ती बरतो"

इस्लाम में पैगम्बर उन्हें कहा जाता है जो अल्लाह के दिए हुए पैगाम को दुनिया के लोगों तक पहुंचाते हैं। पैगम्बर शब्द का अर्थ ही है – पैगाम पहुचाने वाला। इस्लाम का मानना है की अल्लाह ने अपने पैगाम (आदेशों और शिक्षाओं) को आम लोगो तक पहुंचाने के लिए कुछ खास लोगों को चुना है इन्हें पैगम्बर (संदेशवाहक) कहा जाता है।

हज़रत मोहम्मद साहब अंतिम पैगम्बर माने जाते हैं जिन्होंने इस्लाम की आधारशिला रखी l

इस्लाम में अल्लाह के आदेशों को कुफ्र (अव्हेलना) करने वालों को काफ़िर कहा जाता है l इस्लाम के अनुसार जो लोग अल्लाह (एकेश्वर) और उसके रसूल को नहीं मानते और किसी अन्य मान्यता का अनुसरण करते हैं वे काफ़िर हैं l

अल्लाह ने पैगम्बर को यह हुक्म फ़रमाया है कि जो काफ़िर हों और इस्लाम में विश्वास न रखते हो उनके साथ युद्‌ध करके उन्हें इस्लाम के रास्ते पर लाओ और अगर वे ऐसा करने से इनकार करे तो उन पर सख्ती करते हुए उन्हें इस्लाम में शामिल करो l

इस्लाम के इसी सिद्‌धांत पर उसने भारत पर पूरी शक्ति के साथ आक्रमण किया और असंख्य हिन्दुओं को केवल काफ़िर (इस्लाम को न मानना) होने के लिए मौत के घाट उतार दिया l अपनी आत्मकथा में भारत पर आक्रमण करने के कारण का उल्लेख करते हुए उसने लिखा है –

“मेरा हिन्दुस्तान पर आक्रमण करने का प्रमुख उद्‌देश्य काफ़िर हिन्दुओं के विरुद्‌ध धार्मिक युद्‌ध करना है जिससे इस्लाम की सेना को भी हिन्दुओं की दौलत और मूल्यवान वस्तुएं मिल जायें l”

उसके उपरोक्त वर्णन से स्पष्ट विदित होता है कि वह हिन्दुओं से किस हद तक नफरत करता था केवल इस लिए कि वे इस्लाम के स्थान पर सनातन परंपरा का पालन करते हैं l उसने अपनी सेना को इस्लाम की सेना कहा है l इस्लाम की सेना अर्थात् पैगम्बर मोहम्मद साहब की सेना l इसी सेना के नाम पर वर्तमान में एक आतंकवादी संगठन पूरे विश्व में सक्रिय होकर हाहाकार मचा रहा है l उस आतंकवादी संगठन का नाम है जैश-ए मोहम्मदअर्थात मोहम्मद की सेना l आज हिन्दुस्तान में इस्लाम के जानकार धर्मगुरुओं और नेताओं को सड़कों पर निकलकर इस बात का कड़ा विरोध करना चाहिए कि मोहम्मद साहब जिनको वे अपना पैगम्बर मानते है, इस्लाम में जिनके नाम को बड़ी इज्ज़त और पवित्रता से लिया जाता है, जिन्हें दुनिया में शांति के महादूत के रूप में पूजा जाता है उनके नाम का प्रयोग करके इन आतंकी संगठनों का

संचालन क्यों किया जा रहा है l जिनका एक पवित्र बाल गुम जाने पर जम्मू कश्मीर के तथाकथित धर्मगुरुओं ने केंद्र की सत्ता को हिलाकर रख दिया था और तत्कालीन प्रधानमंत्री पंडित जवाहर लाल नेहरु को सब काम छोड़कर बाल ढूँढने के लिए सी० बी० आई० को लगाना पड़ा था l ऐसे प्रभावशाली पैगम्बर के पूरे नाम को आतंक के लिए प्रयोग किया जा रहा है l क्या वर्तमान मुस्लिम समाज इसे मोहम्मद साहब की शान में गुस्ताखी नहीं समझता ? परन्तु शायद आतंक का विरोध करने का साहस किसी में नहीं है l

एक और घटना के अनुसार कश्मीर के निकट कटोर नाम का एक किला (दुर्ग) था l तैमूर ने इस किले पर भीषण आक्रमण किया और किले को जीत लिया l जीत के बाद उसने पकडे गए तमाम हिन्दुओं से इस्लाम स्वीकार करने को कहा l वर्षों से सनातन परंपरा की छाया में रहे इन हिन्दुओं ने इस्लाम को स्वीकार करने से इनकार कर दिया l तैमूर के अनुसार- "फिर इन हठी काफिरों के सरों को काट कर मीनारें खड़ी करने के आदेश दिए गए l"

उसके बारे में एक और घटना जो कि तुजुक-ए-तैमूरी से ही प्राप्त होती है, का वर्णन अवश्य करना चाहिए –

जब उसने भटनेर (राजस्थान) के दुर्ग पर घेरा डाला तो राजपूतों ने उसकी विशाल सेना देखकर आत्मसमर्पण कर दिया और संधि प्रस्ताव प्रस्तुत किया l तैमूर ने बड़ा दिल दिखाते हुए संधि स्वीकार कर ली और उन्हें अपने दुर्ग लौट जाने को कहा l सारे राजपूत निश्चिंत होकर किले में चले गए और हर संकट की आशंका से दूर विश्राम करने करने लगे l जैसे ही राजपूत असावधान हुए नीचता के पर्याय उस तैमूर ने उन पर हमला कर दिया और दुर्ग में प्रवेश कर गया l इस घटना का वर्णन करते हुए वह स्वयं लिखता है –

"थोड़े ही समय में तमाम लोग तलवार के घाट उतार दिए गए l घंटे भर में दस हज़ार लोगों के सर काट दिए गए l इस्लाम की तलवार ने काफिरों के रक्त में स्नान किया l उनके सरोसामान, खजाने और अनाज को भी जो वर्षों से दुर्ग में इकट्ठा किया गया था, मेरे सिपाहियों ने लूट लिया l मकानों को आग लगाकर राख कर दिया गया l इमारतों और

किले को ज़मीदोज़ कर दिया गया l"

हर लूट में उसने स्वयं को इस्लाम का सिपाही कहा है l और काफिरों के क़त्ल को इस्लाम और अल्लाह की राह में एक पवित्र कर्म बताया है l तैमूर की दरिंदगी का वर्णन करने के लिए एक जीवन काफी नहीं l अतः उदहारण देने के लिए इस सन्दर्भ में कुछ चुनिन्दा किस्से ही प्रस्तुत किये जा सकते हैं l

जब तैमूर जाटों के राज्य में प्रविष्ट हुआ तो उसने अपनी सेना के लिए आदेश पारित किया- **रास्ते में जो भी मिले उसे तुरंत क़त्ल कर दिया जाय** l इसी आदेश का पालन करते हुए उसकी सेना के सामने जो भी ग्राम या नगर आया उसे जी भर कर लूटा गया l उसके सिपाही हिन्दू पुरुषों और वृद्‌ध महिलाओं का क़त्ल कर देते थे तथा जवान औरतों और बच्चों को बंदी बनाकर अपने पास रख लेते थे l औरतों का प्रयोग लश्कर के मनोरंजन और बच्चों का प्रयोग इस्लाम के भावी सिपाहियों के रूप में किया जाता था l किन्तु इसी जाट क्षेत्र में कुछ मातृभूमि के पुजारियों ने उसकी सेना के छक्के छुड़ा दिए थे जिसका वर्णन अगले अध्याय में किया जायेगा l

दिल्ली के निकट लोनी नाम का एक नगर है l यहाँ हिन्दू बहुसंख्यक थे किन्तु उनके साथ कुछ मुसलमान भी रहते थे l तैमुर ने इस नगर पर आक्रमण करके इसे लूट लिया और लाखों नगर निवासियों को कैद कर लिया l यही वक़्त था जब वह यमुना नदी को पार करके दिल्ली सल्तनत पर आक्रमण की योजना बना रहा था l उस समय उसके पास हिन्दू बंदियों की संख्या एक लाख थी l उसके सरदारों ने उसे सुझाव दिया कि इन काफ़िर हिन्दुओं को कैंप में नहीं छोड़ा जा सकता है और इस्लाम के शत्रु इन बुत परस्तों को स्वतंत्र कर देना भी इस्लाम और युद्‌ध के नियमों के विपरीत है l अतः तैमूर ने ये आदेश पारित किया की मुसलमानों को छोड़कर सारे काफिर हिन्दू क़त्ल कर दिए जायें l उस दिन एक लाख हिन्दू बेरहमी के साथ क़त्ल कर दिए गए l इस घटना का गर्व के साथ वर्णन करते हुए वह स्वयं अपनी जीवनी में लिखता है –

"इसलिए उन लोगों को सिवाय तलवार का भोजन बनाने के कोई मार्ग नहीं था l मैंने कैंप में घोषणा करवा दी की तमाम बंदी क़त्ल कर

दिए जायें और इस आदेश के पालन में जो भी लापरवाही करे उसे भी क़त्ल कर दिया जाय l और उसकी संपत्ति सूचना देने वाले को दे दी जाय l जब इस्लाम के गाजियों (इस्लाम में काफ़िरों का क़त्ल करने वाले को गाजी कहकर सम्मानित किया जाता है) को यह आदेश मिला तो उन्होंने तलवारें सूंत लीं और अपने बंदियों को क़त्ल कर दिया l उस दिन एक लाख मूर्ति पूजक काफ़िर क़त्ल कर दिए गए l"

काफिरों (गैर मुस्लिम) से नफरत करना क्या इस्लाम की परंपरा है ? क्योंकि पिछले एक हज़ार साल में जितने भी मुस्लिम आक्रान्ता भारत में आये सबने हिन्दुओं को काफ़िर होने के लिए कई बार उनका दमन किया l मोहम्मद बिन कासिम से लेकर औरंगजेब तक कोई भी ऐसा मुस्लिम शासक नहीं हुआ जिसने हिन्दुओं के प्रति उदार नीति को अपनाया हो l यदि वो हमसे युद्ध करके हमें जीतकर एक राजा की भांति हम पर शासन करते तो बहुत बुराई न थी l लेकिन केवल धर्म के आधार पर हिन्दुओं को निशाना बनाकर उनका दमन किया गया, शांतिप्रिय इस्लाम की ये परंपरा आधुनिक भारत का युवा अब समझ नहीं पा रहा है l

बी० बी० सी० से प्राप्त एक लेख के अनुसार जब तैमूर की सेना सिन्धु नदी को पार करके हिंदुस्तान में घुस आई थी तो रास्ते में असपंदी नाम का एक गाँव था l इसी गाँव में तैमूर की सेना ने अपना पड़ाव डाला l दहशत का माहौल कायम करने के लिए उसने इस गाँव को लूटना शुरू कर दिया l लूट के बाद उसने इस गाँव के सभी हिन्दुओं को क़त्ल करने का आदेश दिया l और सभी हिन्दू मौत के घाट उतार दिए गए l इसी गाँव के पास तुगलकपुर नाम का एक गाँव था यहाँ अग्नि की पूजा करने वाला पारसी समुदाय रहता था l तैमूर के अनुसार ये लोग एक गलत धर्म को मानते थे इसलिए उनके सारे घर जला दिए गए और जो भी हाथ आया उसे मार डाला गया l तैमूर ने जहाँ जहाँ प्रवेश किया लूट और नरसंहार के अतिरिक्त उसने कोई दूसरा काम नहीं किया l इस्लाम का यह सच्चा सिपाही हमारे देश के कुछ स्थानों पर भी आदर्शवाद का पर्याय बना हुआ है l

3

रामप्यारी गुर्जर से सामना

हमारे देश के इतिहास में तैमूर के वीरता के किस्सों को बड़े गर्व के साथ बताया जाता है l कुछ इतिहासकारों के द्वारा उसे एक वीर योद्धा के रूप में प्रस्तुत किया जाता है कि किस तरह उसने भारत के राजाओं को वीरतापूर्वक पराजित किया था l लेकिन उसके बारे में कुछ ऐसी कहानियां हैं जिन्हें उसके प्रशंसक इतिहासकारों में से कोई भी बताने का साहस नहीं करता है l जब तैमूर अपनी पूरी शक्ति के साथ भारत में हिंदुत्व का दमन कर रहा था उस वक़्त कुछ ऐसे भी वीर और वीरांगनायें थे जिन्होंने उसके इस दुस्साहस को कड़ी टक्कर दी थी और उसे भागने पर मजबूर कर दिया था l उन्ही वीरांगनाओं में से एक थी **रामप्यारी चौहान गुर्जर**जिसके गौरवशाली और वीरतापूर्ण इतिहास को कहाँ छुपा दिया गया पता ही नहीं चला l हुकूमतों के दबाव में ऐसे वीर और वीरांगनाओं की कहानियां कभी हमारे सामने नहीं आ सकीं l किन्तु कुछ ईमानदार और देश के प्रति समर्पित इतिहासकारों ने इस वीरांगना के स्वर्णिम इतिहास को भारतीय समाज के सामने लाने का साहस किया है l

दिल्ली को लूटने के बाद तैमूर ने वापस समरकंद जाने का फैसला किया l अपनी वापसी के दौरान वह रास्ते में आने वाले नगरों और गाँवों

को लूटता हुआ जाना चाहता था l वह यह बात समझ चुका था के भारत के लोग कभी संगठित होकर नहीं लड़ सकते है l जब एक पर संकट आता है तो दूसरा ईर्ष्यावश उसकी सहायता नहीं करता वरन उसकी तबाही पर खुश होता है l भारत की इसी मानसिकता के कारण उसका मनोबल दोगुना हो चुका था l अतः उसने वापस लौटते हुए भी अपनी लूट और काफिरों के दमन की नीति को जारी रखा l लेकिन उसे यह नहीं मालूम था कि इस बार उसका सामना किसी राजा या बादशाह से नहीं बल्कि ऐसे संगठित समाज से होने वाला था जिसमे हर वर्ग और जाति के लोग अपनी मातृभूमि की रक्षा के लिए मरने-मारने पर उतारू थे l यह संगठित समाज वीरता और एकता का एक जीवंत उदाहरण था l इस संगठित समाज ने वीरता और एकता की एक ऐसी मिसाल कायम की जिसे यावत चन्द्र दिवाकरो याद रखा जाना चाहिए l किन्तु दुखद कि ऐसी वीरता और एकता की कहानियां हमारी इतिहास की किताबों में कभी न छप सकीं l हमें तो अलाउद्दीन खिलजी की शासन व्यवस्था कैसी थी, उसने भारत में कौन-कौन सी कल्याणकारी योजनायें लागू की जिससे की आज हमारा भारत प्रगति की उंचाईयों को छू पा रहा है – यही पढाया गया जिससे हम वैसी ही शासन व्यवस्था बना सकें और भारत में सेकुलरिज्म (तथाकथित धर्मनिरपेक्षता) की नयी परिभाषाओं को गढ़ा जा सके l

प्रसिद्ध लेखिका **मानोशी सिन्हा रावल**ने अपनी किताब **सैफरन स्वोर्ड्स**में रामप्यारी गुर्जर का वर्णन पहले ही अध्याय में किया है l इस किताब ने हमें मौका दिया हिंदुस्तान की ऐसी वीरांगना के बारे में जानने का जिसकी केसरिया तलवार ने एक विदेशी आक्रान्ता की विशाल सेना के छक्के छुड़ा दिए थे l आइये जानते हैं कौन थी रामप्यारी गुर्जर –

पश्चिमी उत्तर प्रदश के एक जिले सहारनपुर में चौहान गुर्जर वंश में जन्म हुआ एक ऐसी दिव्य कन्या का जो कालांतर में भारत के स्वर्णिम इतिहास का एक गौरवशाली हिस्सा बनने वाली थी l जो वीरता की एक मिसाल बनने वाली थी l जो भारत की कन्याओं के लिए साहस और नारीशक्ति का एक उदहारण बनने वाली थी l माता-पिता ने बड़े प्रेम से इस कन्या का नाम रखा रामप्यारी l रामप्यारी जैसे-जैसे बड़ी होने

लगी उसके भावी कृत्यों का अनुमान लगाया जाने लगा। उसके छोटे-छोटे कार्यों से ही उसके साहसी लक्षण प्रतीत होने लगे। साहस बचपन से ही उसके रक्त में समाया हुआ था। उसका हठी स्वाभाव उसके दृढ़ व्यक्तित्व का परिचायक था। बचपन से ही उसे पुरुष वेश धारण करना पसंद था। पुरुषों के समान कुश्ती करने और व्यायाम करने में उसे विशेष आनंद प्राप्त होता था। इसलिए अक्सर वह अपने माता-पिता से कुश्ती सिखाने को कहा करती थी। उसका धैर्य अतुल्य था। शस्त्रों से खेलना उसे अत्यंत प्रिय था। कठोर परिश्रम, नियमित व्यायाम और अनुशासित जीवन शैली ने उसके व्यक्तिव को अग्नि में तपे हुए कुंदन के समान निखार दिया था। उसका शरीर बलिष्ठ हो गया था और वह भविष्य की चुनौतियों का सामना करने के लिए एक कुशल योद्धा में परिवर्तित हो चुकी थी।

जब दिल्ली में तैमूर अपने आतंक से हाहाकार मचा रहा था और हिन्दुओं का दमन करने में लगा हुआ था उस समय रामप्यारी गुर्जर एक साहसी योद्धा के रूप में अपनी पहचान बना चुकी थी। जब तैमूर के अतंक की सूचना जाट क्षेत्र में पहुंची तो इस क्षेत्र के लोगों ने एक महापंचायत बुलाकर इस पर गहरी चिंता व्यक्त की। इस सभा में जाट, गुर्जर, अहीर, दलित, राजपूत, ब्राह्मण आदि सभी वर्गों के लोग शामिल थे। उनके नेता देवपाल ने उन्हें इस समस्या के बारे बताया और तैमूर की क्रूरता के किस्से सुनाये। उन्हें मालूम था कि तैमूर दिल्ली का दमन करने बाद उनके क्षेत्र में भी प्रवेश करके उनका दमन करने का प्रयास करेगा। उस समय हरियाणा और पश्चिमी उत्तर प्रदेश के कुछ क्षेत्रों को जाट क्षेत्र कहा जाता था और रामप्यारी इसी क्षेत्र की निवासी थी। तैमूर के आतंक की कथा सुनकर सारा जाट क्षेत्र चिंता में डूब गया लेकिन उनके नेता देवपाल ने उन्हें धैर्यपूर्वक इस समस्या पर विचार करने को कहा। देवपाल ने कहा- कुछ भी हो लेकिन हम उस दुष्ट तैमूर के सामने अपनी हार स्वीकार नहीं करेंगे। हम अपने सरों को भेंड बकरियों की भांति कटने के लिए उसके सामने प्रस्तुत नहीं करेंगे। हम उससे दया की भीख भी नहीं मांगेगे। यदि मरना ही है तो तो वीरतापूर्वक युद्ध करते हुए दुश्मन के दांत खट्टे करके मरेंगे। यदि हम संगठित होकर लड़ेंगे

तो विदेशी सेना को भारत की शक्ति का आभास होगा l आज समय आ गया है जब हम अपने सारे मतभेद भुलाकर संगठित हो जायें l आज हम समूचे भारत और आने वाली पीढ़ियों के लिए एकता का एक उदहारण प्रस्तुत करेंl समय आ गया है जब हम अपने राष्ट्र और सनातन संस्कृति की सुरक्षा के लिए अपने प्राणों का बलिदान कर दें ताकि आने वाली पीढियां हमारे इस बलिदान को सदियों तक याद रखे l इस आह्वान पर पूरा जाट क्षेत्र एक हुंकार से गूँज उठा – हम एक है, हम एक हैं, हम एक हैं.............

समस्त समुदायों ने एक मत से इस निर्णय को स्वीकार कर लिया और मातृभूमि की रक्षा के लिए शस्त्र सुसज्जित कर लिए l प्रस्ताव रखा गया कि तैमूर से सीधे-सीधे युद्ध करके जीतना मुश्किल है क्योंकि उसके पास एक विशाल सेना थी l अतः छापामार युद्ध की रणनीति बनायीं गयी l इस सर्वसमाज की सेना में ८०,००० योद्धा शामिल हुए जिसके सेना प्रमुख नियुक्त हुए जोगराज सिंह गुर्जर जिन्हें महाबली जोगराज सिंह गुर्जर के नाम से भी जाना जाता है l कुछ विद्वानों ने इन्हें 'भारत का दूसरा भीम' कहकर भी संबोधित किया है l इस सेना का सेनापति हरवीर सिंह धुलिया को बनाया गया l इस मुख्य सेना की सहायता के लिए ४०,००० सेनानियों की एक अतिरिक्त टुकड़ी भी बनायीं गयी और इस सेना की सेनापति बनी रामप्यारी गुर्जर l ये पूरी तरह से महिलाओं की सेना थी l इसमें एक भी पुरुष नही था l इस महिला सेना में कुछ महिलाएं ऐसी थी जिन्होंने कभी अपने हाथ से शस्त्र को नहीं छुआ था किन्तु रामप्यारी की एक हुंकार पर मातृभूमि की रक्षा के लिए इन सभी महिला सेनानियों ने अपने प्राणों को दाँव पर लगाकर युद्ध में शामिल होने का निर्णय लिया l रामप्यारी गुर्जर युद्ध कौशल में प्रवीण थी अतः महिलाओं को युद्ध का प्रशिक्षण देने का भार उन्ही के कन्धों पर डाल दिया गया l अपनी चार महिला साथियों (हरदाई जाट, देवी कौर राजपूत, चन्द्रो ब्राह्मण और रामदाई त्यागी) के साथ रामप्यारी ने अपनी सैन्य टुकड़ी का प्रशिक्षण आरंभ कर दिया l इस प्रकार १२०००० सेनानियों ने सर्व समाज सेना के ध्वज तले मातृभूमि की रक्षा की शपथ उठाई l

सेना तैयार थी l रणभूमि को दुश्मन के सिपाहियों के रक्त से लाल कर देने की चाह रखने वाले रणबांकुरों का रक्त उबाल मार रहा था l उनकी तलवारें दुश्मन का रक्त पी लेने को व्याकुल हो रही थी l वीरांगनाएं रणचंडी को प्रसन्न करने के लिए शत्रु के सरों की मालाओं की भेंट चढ़ाने को आतुर थीं l किसी ने सोचा नहीं था की नन्हे हाथों को चलना सिखाने वाली और अपने आँचल में छिपाकर ममता का अमृत पिलाने वाली दया और करुणा की मूर्तियों को शस्त्र उठाकर रणभूमि में आना पड़ेगा l किन्तु इतिहास साक्षी है की जब-जब मानव पर घोर संकट आया है, मातृत्व की देवियों को चंडी का रूप धारण करना ही पड़ा है l

प्रशिक्षण चल रहा था l योद्धा कठिन अभ्यास से अपने बल को दोगुना करने में लगे हुए थे l कमल के समान कोमल हाथ कठोर शस्त्रों के साथ संतुलन साधने का प्रयास कर रहे थे l दुष्टता के पर्याय और स्वयं को इस्लाम का सच्चा भक्त कहने वाले समरकंद से आये एक आतंकवादी के कारण भारत की मातृशक्ति को युद्ध के मैदान में उतरना पड़ा था l उनके शौर्यपूर्ण अभ्यास को देखकर ऐसा लगता था मानो दुष्टों के संहार के लिए स्वयं आदिपराशक्ति जगदम्बा माँ भवानी ने अनेक रूप धारण कर लिए हों l आज उनकी हुंकार से सारा आकाशमंडल गुंजायमान हो जाने वाला था l नारी को भोग की वस्तु समझने वाली आततायियों की सेना मातृशक्ति के एक प्रचंड स्वरुप का दर्शन करने वाली थी l और निश्चित ही यह युद्ध ऐतिहासिक बनने वाला था l

वह ऐतिहासिक दिन आने वाला था l वीरों ने शस्त्र सुसज्जित कर लिये थे l माताओं ने कंगन के स्थान पर भुजारक्षक और मंगलसूत्र के स्थान पर साहस और शौर्य के कवच धारण कर लिए थे l योजनाबद्ध रूप से ५०० कुशल घुड़सवार युवा सैनिकों को गुप्तचर बना कर तैमूर की सेना पर दृष्टि रखने को कहा गया l उन्हें ये निर्देश दिए गए कि जैसे ही तैमूर की सेना हमारे क्षेत्र की ओर बढे तत्काल मुख्य सेना को सूचित करे l तैमूर को इस बात की खबर न थी l वह तो पूरे भारत को एक ही समान समझता था l उसके मष्तिष्क में ऐसे भारत की तस्वीर बन चुकी थी जहाँ सत्ता के लोभी चंद सियासतदां लोग संकट के समय भी राजनैतिक शत्रुता

निभाने से बाज़ नहीं आते I जो देश और राष्ट्र के प्रति प्रेम का प्रदर्शन करते भी है तो केवल अपने स्वार्थ के लिए I तैमूर इन्ही विचारों में मग्न अपनी शक्ति के मद में चूर किसी मस्त हाथी की तरह आगे बढ़ता चला आ रहा था जिसे इस बात का भान नहीं था कि पानी में उतरते ही हाथी की शक्ति भी आधी हो जाती है और एक छोटा सा मगरमच्छ भी उसे घुटने टेकने पर मजबूर कर देता है I

युद्ध का समय निकट आ रहा था I उनकी योजना अदभुत थी I गुप्तचरों द्वारा किसी क्षेत्र विशेष को लूटने के लिए तैमूर के आक्रमण की सूचना मिलते ही उस क्षेत्र के वृद्धजनों, बच्चों, पशुओं, और कीमती सामान को पहले ही सुरक्षित स्थानों पर पहुंचा दिया जाता था I जब तैमूर की सेना वहां पहुँचती तो उन्हें खाली मकानों और वीरानी गलियों के अलावा और कुछ न मिलता था I तैमूर की सेना चकित थी, स्तब्ध थी और उसके आश्चर्य का पारावार न था I वो जहाँ-जहाँ जाते उनके हाथ कुछ न लगता I तैमूर इस नाकामी से बौखलाने लगा और उसने मेरठ की ओर कूच करने का मन बनाया I अब वह समय आ गया था जब दुश्मन की सेना का प्रत्यक्ष सामना करके उसके दांत खट्टे किये जाएँ और उन्हें भारत की शक्ति का आभास कराया जाय I सम्पूर्ण सेना का नेतृत्व कर रहे महाबली जोगराज गुर्जर ने प्रचंड हुंकार के साथ अपनी सेना का आह्वान किया I शौर्य एवं साहस से भरे हुए भारत माता के १२०००० सपूत अपने सेनानायक के एक संकेत पर मर मिटने को तैयार थे I जहाँ एक ओर मातृभूमि की रक्षा के लिए अपने सरों का चढ़ावा चढाने को आतुर वीर सिपाहियों का लाल रक्त युद्ध की कांक्षा से उबाल मार रहा था वहीँ दूसरी ओर उनकी आंखे भारत माता की दुर्गति को देखकर करुणा से छलछला भी रहीं थीं I

महाबली जोगराज सिंह गुर्जर ने गीता के इस महान उपदेश के साथ अपनी सेना को धर्मसमर में कूद पड़ने को कहा –

यद्दच्छया चोपपन्नं स्वर्गद्वारमपावृतम I
सुखिनः क्षत्रियाः पार्थ लभन्ते युद्धमीद्दशम II
हत्वा वा प्राप्यसि स्वर्गम जित्वा व भोक्ष्यसे महीम I
तस्मादुत्तिष्ठ कौन्तेय ! युद्धाय कृत निश्चयः II

ll भगवान् श्रीकृष्ण अर्जुन से कहते हैं कि हे अर्जुन ! धर्म और अधर्म के बीच लड़ा जाने वाला युद्ध हर किसी को प्राप्त नहीं होता है l वे सुखी क्षत्रिय होते हैं जिन्हें स्वेच्छा से ऐसा युद्ध प्राप्त होता है l यह युद्ध स्वर्ग के खुले हुए द्वार के सामान है जिसमे यदि तुम्हे वीरगति प्राप्त हुई तो तो तुम स्वर्ग को प्राप्त करोगे और यदि जीवित रहे तो मातृभूमि के सुख का भोग करोगे इसलिए हे कौन्तेय ! उठो और युद्ध का निश्चय करो ll

मैं इस युद्ध में अंतिम सांस तक लड़ते रहने की शपथ उठाता हूँ l जब तक मेरे शरीर में रक्त की एक भी बूँद शेष है मै शत्रु को भारत की शक्ति का आभास कराता रहूँगा l माँ भवानी की सौगंध आज इन विदेशी लुटेरों को हिन्दुस्तान की बर्बादी का हिसाब अपने खून से चुकाना होगा l भारतवीरों ! उठो और इन विदेशियों को अपना वास्तविक स्थान दिखा दो l हर हर महादेव ! इस प्रचंड गर्जना से पूरा आकाशमंडल गुजायमान हो गया l सेना के सभी सदस्यों ने एक स्वर से इस जयघोष का समर्थन किया l रामप्यारी गुर्जर ने भी अपनी सैन्य टुकड़ी को देश के लिए मर मिटने का उपदेश दिया और कहा – जब तक हमारी धमनियों में रक्त की एक भी बूँद शेष रहेगी, जब तक हमारे श्वांसतंत्र में प्राणवायु का थोड़ा सा भी अंश रहेगा, और जब तक हमारी हड्डियाँ दुश्मन के वार से चकनाचूर न हो जायेंगी तब तक हम युद्ध करना नहीं छोड़ेंगे l और दुश्मन को धूल चटा कर ही दम लेंगे l आज हम दुश्मन को भारत की नारीशक्ति का अहसास करायेंगें l जय भवानी l

चारों ओर उत्साह का माहौल था l युद्धाभिलाषी रणबांकुरे पुरुष और चंडी का अवतार धारण किये नारियां अदभुत उत्साह से लबरेज़ थे l रणभेरी बज उठी थी l सारे जाट क्षेत्र में शंखनाद का उत्साही स्वर गुजायमान हो उठा था l क्योंकि वह समय अब आ चुका था जिसकी तैयारी में इतने दिवस निकल गए थे l हाँ ! युद्ध का समय आ चुका था l युद्ध की छापामार योजना को ध्यान में रखते हुए रामप्यारी ने अपनी सेना को तीन भागों में बाँट दिया l महिला सेना की एक टुकड़ी को सेना का भोजन बनाने और शिविर की व्यवस्था देखने का दायित्व सौंपा गया l दूसरी टुकड़ी को युद्धस्थल पर अस्त्र-शस्त्र और राशन सामग्री पहुँचाने

का दायित्व सौंपा गया तथा तीसरी टुकड़ी का संचालन स्वयं रामप्यारी ने करते हुए शत्रु के राशन भंडार और शस्त्र भण्डार को ध्वस्त करने की योजना बनायीं जिससे शत्रु की सैन्य शक्ति को कमज़ोर किया जा सके l साथ ही उनकी योजना थी कि शत्रु को विश्राम का अवसर न दिया जाय और रात में भी उन पर छापामार हमला किया जाय l

तैमूर की सेना मेरठ की ओर चलने वाली थी l इसी समय महापंचायत के २०००० योद्धाओं ने वायु से भी तीव्र गति से उस पर हमला बोल दिया l इससे पहले की वे कुछ समझ पाते उनके ९००० योद्धा यमलोक सिधार चुके थे l वे आकाशीय बिजली की भांति आये और एक ही क्षण में अपने प्रचंड रूप का आभास कराकर अदृश्य हो गए l तैमूर की सेना हक्की बक्की रह गयी l अचानक यह क्या हुआ ? कौन आया और हमें धराशयी करके चला गया ? भारत में इस प्रकार का उसका पहला अनुभव था l वह बौखला गया और मेरठ के गावों को लूटने के लिए आगे बढ़ा l गाँव मानव विहीन पड़े हुए थे l सूनी गलियों में हवा के अतिरिक्त और कोई मूल्यवान वस्तु न थी l यह देखकर तैमूर भौचक्का रह गया l उसे समझ नहीं आ रहा था कि वह क्या करे l वह किंकर्तव्यविमूढ़ हो गया था l यही अवसर था जिसका लाभ उठाना आवश्यक था l एक बार फिर अवसर का लाभ उठाते हुए हिन्दू सेना ने तैमूरी सेना पर अनायास आक्रमण कर दिया l शत्रु ठीक से संभल भी न सका था और इस दूसरे अनायास आक्रमण से उसकी सेना के पैर लड़खड़ा गए और उसकी शक्ति क्षीण होने लगी l इसी बीच जब शत्रु सेना ने विश्राम हेतु अपना पड़ाव डाला तो रामप्यारी गुर्जर ने अपनी सैन्य टुकड़ी के साथ उन पर धावा बोल दिया l शत्रु फिर इस अनायास आक्रमण को झेल न पाया और उसे अपार जन-धन की हानि झेलनी पड़ी l यह आक्रमण इतना त्वरित, योजनाबद्ध और सटीक था कि शत्रु को सँभलने का अवसर ही न मिला और काफिरों का दमन करने वाले अनेकों अल्लाह के बन्दे अल्लाह को प्यारे हो गए l

कई दिनों तक यही क्रम चलता रहा l दिन के समय जोगराज अपनी सेना के साथ इन पर अचानक आक्रमण करते और रात में रामप्यारी अपनी टुकड़ी के साथ इनकी भोजन सामग्री नष्ट कर देती और इन्हें

विश्राम करने का भी अवसर न देती l कई रातों के जागे हुए, थके, भूखे, और घायल सैनिकों का हौसला पस्त होने लगा l उनकी शक्ति दिन पर दिन क्षीण होने लगी l उन्होंने कितनी ही जंगे क्यों न जीती हों पर वे इस अदभुत सेना का सामना नहीं कर पा रहे थे l भारत माता के मुट्‌ठी भर सिपाही विश्व विजय का स्वप्न देखने वाले तैमूर लंग की सेना को शिकस्त दे रहे थे l जिसने अपनी तलवार के बल पर पश्चिम एशिया से लेकर मध्य एशिया तक अपना अधिकार कर लिया था आज उस तैमूर की सेना ने भारत के कुछ जियाले सिपाहियों के सामने अपने घुटने टेक दिए l क्योकि ये संगठन की शक्ति थी l ये शक्ति थी उस आत्मसम्मान की जिसे बचाने के लिए घर की चौखट के बाहर पैर रखना अपनी मर्यादा की हानि समझने वाली हमारी माँ बहनों को भी समरभूमि में उतरना पड़ा था l भारत का इतिहास सदैव इस साहस पर गौरवान्वित होता रहेगा l

तैमूर और उसकी सेना हताश हो चुके थे l अब वे इस बात को समझने लगे थे की उन्हें इस स्थान से हानि के अलावा और कुछ हाथ लगने वाला नहीं है l अतः उसने हरिद्‌वार की ओर मुड़ने का मन बनाया l हिन्दू सेना को इस बात की सूचना प्राप्त हो चुकी थी अतः वे पहले से ही घात लगाये हरिद्‌वार में तैमूर की प्रतीक्षा कर रहे थे l जैसे ही तैमूर की सेना हरिद्‌वार की पवित्र धरा पर पहुंची माँ गंगा के अनन्य भक्तों ने रूद्र का रूप धारण करके प्रचंड वेग के साथ हर हर महादेव का जयघोष करते हुए उन पर अकस्मात् आक्रमण कर दिया l इस बार उनका आक्रमण इतना भीषण और तीव्र था मानो कैलाशपति महादेव ने अपनी जटाओं से माँ गंगा को मुक्त कर दिया हो जिनके भीषण वेग में संसार बहा देने की शक्ति होती है l इस अकस्मात् भीषण आघात से शत्रु की सेना संभल न सकी और एक-एक करके उसके सारे सैनिक धराशायी होने लगे अब उनके पास रण छोड़ने के अतिरिक्त और कोई मार्ग शेष न था l इसी बीच सेनापति हरवीर सिंह धुलिया अदम्य साहस का परिचय देते हुए बिजली की भांति तैमूर पर टूट पड़े और अपने भाले से उसकी छाती छेद डाली l तैमूर किसी घायल सर्प की भांति तड़पता हुआ फन पटकने लगा l उसके अंगरक्षकों ने हरवीर सिंह को चारों ओर से घेर लिया और उन्हें वीर गति प्राप्त हुई l घायल तैमूर के पास अपनी जान बचाकर भागने के अतिरिक्त और

कोई मार्ग न था। कहा जाता है कि तैमूर इस वार के अघात से कभी उबर नहीं पाया और यही गहरा घाव कुछ ही वर्षों बाद उसकी मृत्यु का सबब बना। इस प्रकार भारत के एक छोटे से क्षेत्र के कुछ जियाले रणबांकुरों के अदभुत साहस के कारण तैमूर को अपना विजय अभियान अधूरा छोड़कर भारत से भागना पड़ा।

इस अदभुत कथा का वर्णन हमारे इतिहास की किसी भी किताब में नही किया गया। बड़े बड़े इतिहासकारों ने भी हिंदुत्व की ऐसी असंख्य वीर कहानियों को हमसे छुपा कर रखा किन्तु आज के तकनीकी युग में किसी भी सवाल का जवाब ढूंढना कठिन नहीं है। भारतमाता के ऐसे अमर सपूतों की वीरता की कहानियों को भारतीय इतिहास की किताबों में अवश्य स्थान मिलना चाहिए। कुछ पाठक मित्र यह भी प्रश्न उठा सकते है कि इस कहानी में रामप्यारी गुर्जर को इतने महत्वपूर्ण व्यक्तित्व के रूप में क्यों प्रस्तुत किया गया है, जबकि कहानी में और भी प्रभावशाली व्यक्तित्व हैं ? प्रिय मित्रों ! रामप्यारी गुर्जर ने एक महिला होते हुए भी पुरुषों के साथ युद्ध में बराबर की भागीदारी की। उन्होंने एक ऐसे महिला दल का नेतृत्व किया जिसने कभी शस्त्रों को ठीक से देखा तक नहीं था। उन्होंने एक आशाहीन तंत्र में उर्जा का संचार कर दिया। साग-भाजी काटने वाले हांथों को उन्होंने युद्धक्षेत्र में शत्रु के सरों को काटने में न हिचकने योग्य बनाया। उन्होंने भारत ही नही अपितु संपूर्ण विश्व के समक्ष ये सिद्ध कर दिया कि भारत की नारियां यदि अपने आत्मसम्मान की सुरक्षा के लिए जौहर की अग्नि में कूद सकती हैं तो मातृभूमि के सम्मान के लिए रणक्षेत्र में उतरकर शत्रु का शीश भी काट सकती है। इस बात में कोई संदेह नहीं कि रामप्यारी गुर्जर का नाम भारतीय इतिहास में एक आदर्श है। ऐसी अदभुत प्रतिभासंपन्न और निर्भीक वीरांगना को मैं शत-शत प्रणाम करता हूँ।

भारत के एक छोटे से क्षेत्र के कुछ लोग संगठित हो गए तो उन्होंने तैमूर लंग के शक्ति के मद को चूर-चूर कर दिया और उसे भारत से भागने पर मजबूर कर दिया। सोचिये यदि सनातन में विश्वास रखने वाले सभी भारत वासी एकजुट हो जायें तो वह दिन दूर नहीं जब विश्व पर सनातन की पताका लहराएगी और भारत एक बार फिर विश्वगुरु के

रूप में पूजा जायेगा l

4

तैमूर का अंतिम समय

पिछले अध्याय में हमने पढ़ा कि किस तरह से एक छोटे क्षेत्र की ग्रामीण सेना ने संगठित होकर तैमूरी झंडे को नतमस्तक होने पर विवश कर दिया और तैमूर अपने सीने पर तीक्ष्ण घाव खाकर मैदान-ए-जंग से भाग खड़ा हुआ l प्राप्त आंकड़ों के अनुसार १९ मार्च १३९९ को वह सिन्धु नदी को पार करता हुआ समरकंद वापस लौट गया l समरकंद में उसके हकीमों ने उसका उपचार किया l लेकिन भारतीय आघात के इस चिन्ह को वे जीवन पर्यंत मिटा न सके l उसका घायल शरीर जीवन भर इस घाव से पूरी तरह उबर न सका l तैमूर घायल था, बीमार था, और वृद्ध हो चला था किन्तु उसके राज्य विस्तार की आकांक्षा अभी समाप्त नहीं हुई थी l उसकी दौलत की भूख अगणित जीवों का रक्त पीने के बाद भी शान्त नहीं हुई थी l विश्व पर इस्लाम की पताका फहराने का स्वप्न उसे चैन से बैठने नहीं दे रहा था l वह सोच रहा था कि यदि मैं दुनिया को इस्लाम के पैरों तले न कुचल सका तो अल्लाह को क्या मुह दिखाऊंगा l इसलिए उसने अपने विजय अभियान को जारी रखने का निश्चय किया l

सन १४०० में उसने अनातोलिया पर आक्रमण की योजना बनायीं l अनातोलिया वर्तमान तुर्की के मध्य भाग को कहा जाता है l इसे

एशिया माइनर के नाम से भी जाना जाता है l पूरी शक्ति के साथ उसने अनातोलिया पर आक्रमण किया और उस पर कब्ज़ा कर लिया l अनातोलिया पर कब्ज़ा करने के बाद भी उसका विजय अभियान रुकने वाला नही था l अतः उसने आटोमन तुर्क साम्राज्य पर आक्रमण की योजना बनाई l

सन १४०२ में उसने आटोमन तुर्क साम्राज्य पर हमला किया l अंगोरा का महान युद्‌ध लड़ा गया l इस युद्‌ध में तुर्क साम्राज्य को अपार जन-धन की हानि झेलनी पड़ी l उनकी सेना बुरी तरह पराजित हुई l उनके साम्राज्य पर भी तैमूर का कब्ज़ा हो गया l वह जितना आगे बढ़ता जा रहा था उसका हौसला और महत्वकांक्षाएं उतनी ही बढती जा रही थी l जीवन के अंतिम दिनों में भी वह राज्य की लालसा से मुक्त नहीं हो सका l

सन १४०५ का समय था l तैमूर बीमार पड़ गया l उसके भारत मे खाये हुए घाव में संक्रमण बढ़ने लगा l संक्रमण के कारण उसे कई रोगों ने घेरा हुआ था l वह जीवन के अंतिम पड़ाव पर था l किन्तु इस स्थिति में भी वह उस महान ईश्वर को याद करने के बजाय राज्य विस्तार की योजना बना रहा था l अब उसकी योजना चीन पर आक्रमण की थी l चीन एक महान साम्राज्य था l उसे जीतना सरल न था किन्तु उसकी महत्वकांक्षा उसे रुकने का आदेश नहीं दे रही थी l वह चीन पर आक्रमण की योजना बना ही रहा था कि अचानक उसके घाव का संक्रमण बढ़ा और १८ फरवरी १४०५ को उसकी मृत्यु हो गयी हालाँकि अधिकांश पुस्तकों में उसकी मृत्यु का कारण ज़ुकाम बताया जाता है l किन्तु जो भी हो दुनिया को ऐसे आततायी से मुक्ति मिली l विश्व विजय का स्वप्न देखने वाला तैमूर आज अपना विजय अभियान अधूरा छोड़कर दुनिया से रुख्सत हो गया l पूरी दुनिया को अपने पैरों तले रौंद डालने की हसरत रखने वाला तैमूर आज खुद मिटटी में दफ्न हो गया l सारे जहान की दौलत इकठ्ठा करने वाला तैमूर अपने साथ एक तिनका तक न ले जा पाया यहाँ तक कि वह दो गज़ कफ़न भी साथ न ले जा पाया जिसमे अंत समय उसे लपेटा गया l अगर कुछ ले जा पाया तो लोगों की बद्‌दुआएं और उनके अभिशाप l उसने न जाने कितनी माओं की गोद को उजाड़कर

उन्हें संतानहीन कर दिया। उसने न जाने कितनी औरतों के मस्तक की लालिमा को अपनी तलवार का भोजन बना दिया। उसने न जाने कितनी संतानों को पिताहीन कर दिया और न जाने कितने सनातन संस्कृति के पुजारियों को बलपूर्वक अपना पवित्र धर्म छोड़ने पर मजबूर कर दिया। दुनिया से हिन्दुओं का नामोनिशान मिटा देने की चाहत रखने वाला यह शख्स आज स्वयं मिट गया। कहा जाता है कि मृत्यु के बाद भी उसकी आत्मा को शांति नहीं मिली और मरने के बाद भी वह कई लोगों के लिए परेशानी का सबब बना रहा।

5

भ्रांतियां या सत्य

फिल्मों में देखा था की जब कोई शैतान अपनी कब्र से जागता है तो दुनिया के लिए क़यामत का सबब बन जाता है l जब किसी सोये हुए शैतान को कब्र से जगाया जाता है तो वह दुनिया पर कहर बरपा देता है l तैमूर की कब्र के बारे में भी कुछ ऐसे ही किस्से प्रचलित है l वेब सूत्रों द्वारा प्राप्त कुछ लेख ऐसी घटनाओं की ओर संकेत करते है l कहा जाता है कि तैमूर की कब्र को दो बार खोला गया और हर बार उस सोए हुए शैतान ने कब्र खोलने वालों पर ऐसा कहर बरपाया जो आधुनिक युग में अकल्पनीय है l इन बातों में कितनी सच्चाई है इश्वर ही जाने किन्तु एक बात तो तय है कि अपने जीवनकाल में करोड़ों की संख्या में मनुष्यों की हत्या करने वाले और अशांत मृत्यु मरने वाले ऐसे पापी को मुक्ति मिली होगी या नहीं इस पर कोई संदेह नहीं किया जाना चाहिए l

सन १४०५ में समरकंद में तैमूर की मृत्यु हुई l उसे समरकंद के गुर-ए-आमिर (राजा का मकबरा) नाम के बाग़ में दफनाया गया l १७४० ई० में ईरानी बादशाह नादिर शाह उज्बेकिस्तान पहुंचा l उसे अचानक तैमूर की कब्र देखने की इच्छा हुई l वह कुतूहलवश उस महान योद्धा की कब्र देखने पहुंचा जिसने लगभग पूरी एशिया पर अपना अधिकार कर लिया था l तैमूर की कब्र एक कीमती हरे पत्थर से ढंकी हुई थी l उन दिनों मुस्लिम शैली के मकबरे में वास्तविक कब्र तहखाने में बनायीं जाती थी और उसे ऊपर से सुंदर पत्थरों और कारीगरी से सजाया जाता था जिससे

कि मकबरा भव्य प्रतीत हो l नादिर शाह उस पत्थर को देखकर उस पर मोहित हो गया उसे उठाकर अपने साथ ईरान ले गया l वह इस पत्थर की सुरक्षा न कर सका और दुर्भाग्यवश यह पत्थर दो भागों में टूट गया l कहा जाता है कि उसी दिन से नादिर शाह पर मुसीबतों का पहाड़ टूट पड़ा l उसे इतना बुरा वक्त देखना पड़ा जितना उसने कभी न देखा था l यहाँ तक कि उसका बेटा मृत्यु के अत्यंत निकट पहुँच गया l तब उसके धार्मिक सलाहकारों ने उसे यह सुझाव दिया की वह इस पत्थर को वापस वही पहुंचा दे जहाँ से वह इसे उठाकर लाया था l नादिर शाह ने ऐसा ही किया और उसके दिन सुधरने लगे l

इसी सम्बन्ध में एक और घटना का वर्णन मिलता है l वर्ष १९४१ में रूस के जोसफ स्टालिन ने तैमूर की कब्र को खोलने का आदेश दिया l प्रसिद्ध मानव विज्ञानी मिखाइल गैरिस्मोव के द्वारा कब्र को खोला गया और तैमूर की कब्र के विषय में कुछ महत्वपूर्ण तथा चौकाने वाले तथ्य सामने आये l तैमूर की कब्र को मिटटी में दफ्न नहीं किया गया था बल्कि ईसाईयों की तरह एक ताबूत में बंद करके दफनाया गया था l उसका कद औसतन 6 फीट था और वह दायें पैर और दायें हाथ से अपंग था l उसकी कब्र पर भयानक चेतावनी लिखी हुई थी –

“जब मैं अपनी मौत के बाद दोबारा उठ खड़ा होऊंगा तो पूरी दुनियां काँप उठेगी l जो भी मेरी कब्र को खोलेगा वह शत्रु से बुरी तरह पराजित होगा और वह शत्रु मुझसे भी अधिक भयानक और खतरनाक होगा”

कहा जाता है कि कुछ मुस्लिम धर्म गुरुओं ने उन्हें आने वाले संकट के लिए चेताया किन्तु किसी ने उनकी बात न मानी l इस घटना के कुछ दिन बाद ही जर्मनी ने युद्ध के बिना किसी औपचारिक ऐलान के सोवियत संघ पर हमला बोल दिया l ये हमला तीव्र और घातक था l इस बारे में यह भी कहा जाता है की जब जर्मनी ने कई घातक हमले किये तो सोवियत यूनियन के पैर डगमगाने लगे l तब जोसफ स्टालिन ने तैमूर की अस्थियों को पुनः उसी कब्र में इस्लामिक रीति-रिवाजों के अनुसार दफना दिया और इस युद्ध में सोवियत यूनियन की विजय हुई l ये घटनाएं सत्य है या केवल भ्रांत कहानियां इसकी पुष्टि करना तो मुश्किल है किन्तु एक बात निश्चित रूप से कही जा सकती है कि पापी

की आत्मा कभी किसी को सुख नहीं दे सकती यदि दे सकती है तो केवल और केवल तकलीफ।

तैमूर नामक आततायी ने अपने जीवनकाल में प्रतिदिन औसतन ८०० लोगों के रक्त से स्नान किया। नरमुंडों की मालाएं पहनकर सर कटी लाशों पर नग्न नृत्य करने वाला यह इस्लाम का पुजारी मरने के बाद भी लोगों को आतंकित करता रहा।

6

भारत में तैमूर के वंशज

दुनियां से तैमूर का अंत हो चुका था लेकिन यह दुनियां से तैमूरी सभ्यता का अंत हरगिज़ नहीं था l उसने दुनिया के हर हिस्से में अपना अंश छोड़ रखा था वर्तमान में जिसका वास्तविक चित्र हम भारत ही नहीं अपितु पूरे विश्व में देख रहे हैं l खैर हम बात कर रहे हैं कि भारत में तैमूर के जाने के बाद एक बार पुनः तैमूरी सभ्यता कैसे विकसित हुई l क्या आज भी भारत में तैमूर के वंशज पाए जाते हैं ? हालाँकि इस प्रश्न के उत्तर का स्पष्टीकरण करना आवश्यक नहीं हैं क्योंकि इसका प्रत्यक्ष प्रमाण हम दिन-प्रतिदिन देखते ही रहते हैं l यह बताना आवश्यक नहीं की आज भी तैमूरी विचारधारा के लोग भारत ही नहीं बल्कि पूरे विश्व में पाए जाते हैं l चलिए हम ये जानने की कोशिश करते हैं की तैमूर के जाने के बाद भारत में तैमूरी सभ्यता का वृक्ष पुनः कैसे पनपा l उसके वंशजों को जानने से पहले एक दृष्टि डालना आवश्यक है भारत में उसके उत्तराधिकार को प्राप्त करके उसकी विचारधारा को आगे बढाने वाले राजवंश पर -

उत्तराधिकार

भारत के साथ-साथ पूरे विश्व पर इस्लाम की पताका फहराने का जज्बा लिए १३९८ में समरकंद से निकला लुटेरा जिसने एशिया के अधिकांश भाग पर तो इस्लाम का परचम फहरा दिया किन्तु भारत की

सनातन सभ्यता को पूरी तरह से नष्ट न कर सका और उसे वापस समरकंद लौटना पड़ा l किन्तु भारत में अपना वर्चस्व बनाये रखने के लिए वह अपने एक सिपहसालार खिज्र खां को भारत में जीते हुए राज्य और अपनी सत्ता को सौंपकर समरकंद की शासन व्यवस्था संभालने वापस लौट गया l खिज्र खां ने मुल्तान, दीपालपुर और लाहौर पर अपनी सत्ता स्थापित की l किन्तु वह भारतीय प्रजा से वसूले गए कर का एक भाग तैमूर के लिए नियमित भेजता रहता था l सन १४१४ में उसने दिल्ली पर अपना अधिकार कर लिया और सैयद वंशकी स्थापना की l खिज्र खां तैमूर का वंशज नहीं था अपितु वह स्वयं को पैगम्बर मोहम्मद साहब का वंशज कहता था l उसने भारत में तैमूर के एक प्रतिनिधि के रूप में कार्य किया l लगभग ५३ वर्ष तक खिज्र खां एवं उसके वंशजों ने तैमूरी राजवंश के प्रतिनिधि के रूप में शासन किया l सैयद वंश के अंतर्गत चार प्रमुख शासकों ने ५३ वर्ष तक भारत में विभिन्न स्थानों पर शासन करके इस्लाम की विचारधारा को आगे बढ़ाया जो इस प्रकार हैं -

मुल्तान का क्षेत्र-

खिज्र खां – १३९८-१४१४

दिल्ली सल्तनत-

खिज्र खां तैमूर का प्रतिनिधि १४१४-१४२१

मुबारकशाह खिज्र खां का पुत्र १४२१-१४३४

मुहम्मदशाह मुबारकशाह का दत्तक पुत्र १४३४-१४४५

अलाउद्‌दीन आलमशाह मुहम्मदशाह का पुत्र १४४५-१४५१

सन १४५१ में बहलोल लोदी के आक्रमण के साथ इस राजवंश का अंत हो गया l बहलोल लोदी भी इस्लाम का कट्टर समर्थक था अतः उसने भी हिन्दुओं के प्रति उदारता की नीति को नहीं अपनाया l हिंदुस्तान आने वाले किसी भी शासक ने हिन्दुओं के प्रति उदारता की नीति नहीं अपनाई l

वंशज

यह जानना बड़ा रोचक होगा कि भारत से तैमूर जैसे दुष्ट शासक का उत्तराधिकार समाप्त होने के बाद पुनः उसके वंशजों का आगमन कैसे हुआ l कौन थे उसके वंशज और उन्होंने कितने दिनों तक भारत पर

राज्य किया l उनका आचरण भारत के हिन्दू समाज के प्रति कैसा था l आईये एक दृष्टि भारत में तैमूर के वंशजों पर –

सन १४५१ में बहलोल लोदी के आक्रमण के साथ भारत से तैमूर के उत्तराधिकार का अंत हो गया l इसी बीच सन १४८३ में उज्बेकिस्तान के फरगाना प्रान्त के तैमूरी राजवंश के शासक उमर शेख मिर्ज़ा के यहाँ जन्म हुआ उस शख्स का जो एक बार फिर भारत में तैमूर के सपनों को पूरा करने के लिये एक नए राजवंश की स्थापना करने वाला था l उसका नाम था – **ज़हीरुद्दीन मोहम्मद बाबर**(बाबर) l इतिहास के जानकारों के अनुसार इसे तैमूर का तीसरा पोता (grandson) माना जाता है l बाबर जब बड़ा हुआ तो उसने अपने दादा की हैरतंगेज़ कहानियों के बारे में सुना l उसे यह भी पता चला किस तरह तैमूर को भारत से अपना अभियान छोड़कर भागना पड़ा और किस तरह लोदी वंश ने भारत से उसके उत्तराधिकार का अंत कर दिया l अतः सन १५२६ में उसने सर्वप्रथम भारत पर आक्रमण किया और पानीपत के युद्ध में इब्राहम लोदी को हराकर उसका अंत कर दिया तथा स्वयं दिल्ली की गद्दी पर बैठ गया l बाबर का पिता तुर्क था किन्तु उसकी माँ कुतलुग निगार खानम एक मंगोल थी l बाबर भी तैमूर की भांति स्वयं को मंगोलों (चंगेज़ खान) का ही वंशज कहता था l चूंकि फारसी में मंगोल को मुग़ल कहा जाता है अतः उसने अपने नवस्थापित राजवंश का नाम मुग़ल राजवंश (मुग़ल सल्तनत) रखा l

बस यही शुरुआत थी भारत में एक बार फिर से तैमूरी विचारधारा के आगमन की l मुगलों के शासन काल में हिन्दुओं को जबरन मुसलमान बनाने का काम बड़ी तेज़ी से हुआ l उनके शासनकाल में कभी तलवार का डर दिखाकर, कभी निर्धनों को लालच देकर, कभी जजिया लगाकर तो कभी तीर्थ यात्रा कर लगाकर एन केन प्रकारेंण हिदुओं को मुसलमान बनाकर संख्या बल प्राप्त करने का खूब प्रयास किया गया l इसी क्रम में असंख्य हिदुओं को इस्लाम न स्वीकारने पर क़त्ल करके उनकी संख्या घटाने का घ्रणित प्रयास भी किया गया l मुग़ल शासकों का एक ही ध्येय था किसी भी तरह से भारत पर इस्लाम का राज्य स्थापित करना l अफ़सोस कि वे ऐसा कर न सके l यही कारण है कि पकिस्तान

और बांग्लादेश जैसे मुस्लिम बहुसंख्यक देशों का जन्म हुआ और भारत में भी स्वयं को उनका वंशज कहने वाले लोग हमें आज भी चैन से जीने नहीं दे रहे हैं l ये कितने गर्व के साथ स्वयं को बाबर और तैमूर का वंशज कहकर हमें प्रेमपूर्वक डराने की कोशिश करते हैं l हालाँकि हमें डराने वाले ये लोग वही हैं जिनके पूर्वजों ने स्वयं डरकर तलवार की धार के नीचे खड़े होकर अपना धर्म छोड़कर मज़हब अपना लिया था l हमारे पूर्वजों ने तो अपने सरों का बलिदान देकर भी अपने धर्म को बचाया है और अपनी औलादों को उसी पर चलना सिखाया l अब फैसला हिन्दुस्तान के लोगों को करना है की तैमूरी विचारधारा पर चलने वाले ये तथाकथित शांतिप्रेमी लोग आपके दोस्त हैं या दुश्मन और क्या हिंदुस्तान की जनता ऐसे लोगों से मुक्ति पाना चाहती है या नहीं ?

भारत में तैमूर की कई पीढ़ियों ने राज्य किया और अकूत संपत्ति इकट्ठा की जिसे सन १७४० में ईरान से आया एक लुटेरा नादिर शाह लूट कर ले गया l इस अकूत संपत्ति में शाहजहाँ का मयूर सिंहासन तथा अनमोल कोहिनूर हीरा भी शामिल था l भारत में तैमूरी वंश (मुग़ल वंश) का प्रभावशाली काल इन शासकों तक ही माना जाता है –

ज़हीरुद्दीन मोहम्मद बाबर संस्थापक मुग़ल साम्राज्य
हुमायूं बाबर का पुत्र
जलालुद्दीन मोहम्मद अकबर हुमायूँ का पुत्र
जहाँगीर (सलीम) अकबर का पुत्र
शाहजहाँ (खुर्रम) जहाँगीर का पुत्र
औरंगज़ेब शाहजहाँ का पुत्र

सन १७०७ में औरंगजेब की मृत्यु हो गयी जिसके बाद कोई भी मुग़ल बादशाह सफलतापूर्वक शासन न चला सका l अंग्रेजों के बढ़ते हस्तक्षेप के कारण धीरे-धीरे यह राजवंश पतन की ओर चल पड़ा l बहादुर शाह ज़फर की मृत्यु के साथ ही इस साम्राज्य का भी अंत हो गया l भारतीय संस्कृति का अंत करने की इच्छा रखने वाले एक और साम्राज्य का अंत हुआ l दुनिया की कितनी ही सभ्यताओं ने हमें मिटाने की पुरजोर कोशिश की किन्तु वक़्त ने उन्हें खुद मिटा दिया और भारतीय संस्कृति आज भी अपने हाथों में भगवा झंडा लिए सारे विश्व को मानवता और

सत्य की राह दिखा रही है।

7

नाम में क्या रखा है?

शेख्सपीयर ने कहा है – "नाम में क्या रखा है" I नाम है कुछ भी रख लो I दुनिया के लाखों लोग इसी विचारधारा से प्रभावित हैं I और हों भी क्यों न ? शेक्सपियर एक महान पाश्चात्य विद्वान जो थे I एक महान साहित्यकार थे I यदि उन्होंने कहा है तो सही ही कहा होगा क्योंकि हमारे देश में पश्चिम के विद्वानों को भगवान के अवतार से कम नहीं समझा जाता है I अतः भारतीय जनमानस पर ऐसी विचारधाराओं का प्रभाव पड़ना स्वाभाविक है I भारतीय फिल्म उद्योग के एक महान अभिनेता भी शायद इसी विचारधारा से प्रभावित प्रतीत होते है I लेकिन इस बात की पुष्टि करना कठिन है कि वे शेक्सपियर की विचारधारा से प्रभावित हैं या किसी और की I जी हाँ हम उन्ही की बात कर रहे है जिन्होंने अपने पुत्र का नाम तैमूर रखा है- श्री सैफ अली खान जी I यह हैरत की बात नहीं है कि राजकपूर के महान खानदान से सम्बन्ध रखने वाली उनकी धर्मपत्नी श्रीमती करीना खान भी इस विचारधारा से कुछ कम प्रभावित नहीं हैं I पूरे भारत में इसकी घोर निंदा की जा रही है I लोग सवाल पूँछ रहे है कि आखिर तैमूर नाम ही क्यों ? I कोई और नाम क्यों नहीं ? दुनिया में और भी अच्छे और सुंदर नाम हैं I जिसने अपने आतंक से दुनिया में कोहराम मचा दिया, जिसका नाम कोई भी हिन्दुस्तानी इज्ज़त और सम्मान से नहीं लेना चाहता, यकायक उनके दिमाग में ऐसे नाम का ख्याल कैसे आया और वो भी अपने सगे बेटे के लिए I अब ऐसा तो

हो नहीं सकता कि फिल्म उद्योग के इस महान कलाकार ने तैमूर के इतिहास के बारे में कुछ न पढ़ा हो l तुगलक और तैमूर जैसे नामों के उदहारण तो लोग अपने दुश्मनों को संबोधित करने के लिए देते हैं l फिर ऐसा क्यों ? लेकिन अभी तक इन प्रश्नों का संतोषजनक उत्तर किसी को प्राप्त नहीं हुआ है l

किसी महान बुद्धिजीवी ने तर्क देने की कोशिश की – तैमूर नाम का अर्थ होता है लोहे के समान मज़बूत या शेर जैसे हृदय वाला l यदि आप गूगल पर रिलायंस शब्द टाइप करते हैं तो तुरंत ही वह परिणाम के रूप में एक बहुराष्ट्रीय कंपनी का नाम प्रदर्शित करता है l जबकि रिलायंस शब्द का वास्तविक अर्थ होता है- भरोसा l इससे यह निष्कर्ष प्राप्त होता है कि किसी भी शब्द का अर्थ पहली मर्तबा में लोग वही समझते हैं जो अधिक प्रचलित है और इसी से लोग प्रभावित भी होते है l इस स्थिति में उस शब्द का वास्तविक अर्थ गौड़ हो जाता है l उसी तरह जब किसी के सामने तैमूर नाम आता है तो लोगों के मन में पहली तस्वीर ऐसे व्याक्ति की बनती है जो मानवता का घोर शत्रु था l अभी तक कुछ ही वर्षों का जीवन जीने वाले उस अनुभवहीन बालक को तो यह भी नहीं पता की तैमूर कौन था l लेकिन कभी तो पता चलेगा l तब आपको इस प्रश्न का उत्तर देना बड़ा कठिन होगा l उस स्थिति में या तो आप झूठ बतायेंगे या उसे तैमूर की भाँति ही बनाने का प्रयास करेंगे l शायद आपका प्रयास है कि भारत में तैमूर जैसे लोगों का नाम अब इज्ज़त से लिया जाय जो कि सर्वथा असंभव है l तैमूर जैसे लोग इस देश के लिए कभी सम्मान के पात्र नहीं हो सकते l

एक और पाश्चात्य विद्वान ने कहा है – a bad man is better than a bad name.. जिसका उर्दू में तर्जुमा है- **बद अच्छा बदनाम बुरा**l इसका सीधा सा अर्थ है कि बुरा आदमी उतना खतरनाक नहीं होता जितना कि बुरा नाम l क्योंकि बुरा आदमी केवल स्वयं को प्रभावित करता है जबकि बुरा नाम अपने साथ हज़ारों को प्रभावित करता है l हमारे हिन्दू समाज में माता-पिता अपने बच्चों के नाम रावण मेघनाद कंस चाडूर आदि रखने से कतराते हैं l क्यों? क्योंकि ऐसे चरित्रों को वो अपना आदर्श नहीं मानते l उन्हें लगता है की ऐसे चरित्रों के नाम उनके

बच्चों के जीवन को प्रभावित करेंगे l यदि कोई व्यक्ति अपने बेटे का नाम राम रखता है तो निश्चित है की वह राम के चरित्र से प्रभावित है l यदि कोई व्यक्ति अपनी बेटी का नाम लक्ष्मी रखता है तो ज़ाहिर सी बात है कि उस व्यक्ति की माँ लक्ष्मी में सच्ची श्रद्‌धा है l उसी प्रकार यदि कोई व्यक्ति अपने बालक का नाम अब्दुल कलाम रखता है तो यही समझना चाहिए कि वह इस महान भारतीय वैज्ञानिक के चरित्र से अत्यंत प्रभावित है और चाहता है कि आगे चलकर उसकी संतान भी उसी की भांति बने l इसी के उलट यदि कोई व्यक्ति अपने पुत्र का नाम ओसामा बिन लादेन रखता है तो यही समझने में कोई संशय नहीं होना चाहिए कि आतंकी चरित्र से प्रभावित यह व्यक्ति अपने पुत्र को भविष्य में किस रूप में देखना चाहता है l इसी क्रम में आपको यह भी बताते चले की यदि कोई व्यक्ति अपने बेटे का नाम तैमूर रखता है तो इसका अर्थ क्या समझा जाना चाहिए, इतने उदहारण रखने के बाद ये बताने की किंचिद आवश्यकता नहीं बचती है l कोई भी व्यक्ति अपनी संतान का नामकरण उन्ही चरित्रों को ध्यान में रखकर करता है जिनसे उनके जीवन का गहरा जुड़ाव होता है l नाम भावना का दर्पण होता है l नाम से किसी के स्वाभाव की हलकी झलक अपने मन में देखने को मिलती है l हमें पता है कि ऐसा हमेशा नहीं होता है लेकिन फिर भी जीवन पर नाम का असर तो पड़ता ही है इसीलिए माता-पिता अपनी संतान के नाम के चुनाव में जल्दबाजी नहीं करते l इसीलिए हमारे हिन्दू समाज में नामकरण के लिए एक विशेष संस्कार का प्रावधान किया गया है l

अंग्रेजी की एक और कहावत है- first impression is the last impression . इसका अर्थ है- पहला प्रभाव ही अंतिम प्रभाव होता है l मेरा निजी अनुभव कहता है कि आप प्रथम बार मे किसी को जितना अधिक प्रभावित कर लेंगे फिर आपको कभी उसे प्रभावित करने की आवश्यकता नहीं पड़ेगी l वह स्वयं आपसे प्रभावित होगा, और नाम पहला प्रभाव डालता है l नाम से ही जीवन की वास्तविक शुरुआत होती है और अंत भी नाम से ही होता है l महान से महान लोग भी इस दुनिया में केवल नाम ही छोड़कर जाते है l नाम के बिना किसी का भी जीवन आधारहीन है, पहचानहीन है l नाम के बगैर उसे न कोई जानता है न

पहचानता है l नाम हमारे जीवन का अभिन्न अंग है फिर भी इतने अभिन्न अंग के बारे में कह दिया गया – नाम में क्या रखा है l अरे नाम तो जीवन का वह हिस्सा है जिसके बिना एक पग भी चलना मुश्किल है l ज़रा सोच कर देखिये नाम के बगैर हम क्या कर सकते हैं ? – नाम के बिना हमें स्कूल में प्रवेश नहीं मिलता l नाम के बिना हमें यात्रा का प्रमाणपत्र नहीं मिलता l नाम के बिना हमें अपनी प्रतिभा का प्रमाणपत्र नहीं मिलता l नाम के बिना हमें रोज़गार नहीं मिलता l नाम के बिना हमें सरकारी सहायता नहीं मिलती l नाम के बिना हमें प्रसिद्धि नहीं मिलती l नाम के बिना हमें समाज में पहचान नहीं मिलती l नाम के बिना हमें देश की सेवा करने का अवसर नहीं मिलता l और तो और नाम के बिना हमें हमारे होने तक का प्रमाणपत्र नहीं मिलता l यानी यदि हमारा नाम नहीं तो हमारा अस्तित्व नहीं l ऐसा क्या है जिसे नाम के बगैर पाया जा सकता है ? कुछ भी तो नहीं l फिर भी लोग कहते हैं कि नाम में क्या रखा है l

मेरे अजीज़ मित्रों ! नाम हमारे जीवन में क्या महत्व रखता है हम देख चुके है l नाम से व्यक्ति प्रशंसा का पात्र भी बन जाता है और अपमान का भी, घृणा का पात्र भी बन जाता है और उपहास का भी l अतः नाम सदैव सोच समझकर ही रखना चाहिए l आपको पता होगा की इस्लाम धर्म के अंतर्गत हज़रत इमाम हुसैन में सच्ची श्रद्धा रखने वाले लोग कभी अपने बच्चों का नाम यजीद नहीं रखते l जबकि यजीद शब्द का अर्थ होता है – प्रबुद्ध या इससे सम्बंधित l फिर ऐसा क्यों है ? ऐसा इसलिए है क्योकि यजीद वो शख्स था जिसने सन ६८० में कर्बला के युद्ध में इस्लाम के अंतिम पैगम्बर हज़रत मोहम्मद साहब के नवासे हज़रत इमाम हुसैन को उनके परिवार सहित बेरहमी से कत्ल कर दिया था जिसमे एक ६ माह के बच्चे की गर्दन को तीरों से भेद दिया गया था और १३ साल के बच्चे को घोड़ों की टापों से कुचल दिया दिया गया था l मुसलमानों का त्यौहार मुहर्रम इसी उपलक्ष्य में शोक के रूप मे मनाया जाता है l अब आप सोचिये जब हर जगह नाम का विचार किया जा रहा तो सैफ साहब को क्या सूझी ये तो वही जानें लेकिन हम सभी हिन्दुस्तानियों को ऐसे लोगों को रोकना होगा l ऐसे लोग समझते हैं की

वे किसी की भी भावनाओं का सम्मान क्यों करें क्योंकि वे तो महान और चर्चित लोग हैं l किन्तु क्या वे इस बात को भूल गए कि उन्हें सफलता के शिखर पर पहुँचाने वाला कोई और नहीं बल्कि भारत के १३० करोड़ लोग हैं l इनमे से आधे भी अगर चाहे तो क्या नहीं कर सकते ? हमें इनका विरोध इसलिए भी करना चाहिए कि यदि हमने ऐसे लोगों को न रोका तो आज हिंदुस्तान में एक तैमूर पैदा हुआ है कल बाबर पैदा होगा परसों औरंगजेब और धीरे-धीरे हिंदुस्तान में एक हज़ार साल पहले का इतिहास दोहरा दिया जायेगा l

मित्रों ! मै इस विचारधारा के लोगों को एक सुझाव देना चाहता हूँ की आज से अपने बच्चों के नाम के आगे मोहम्मद के स्थान पर मोअविया और यजीद लगाना शरू करें क्योंकि नाम में क्या रखा है l मैं यह भली भांति जनता हूँ की आप ऐसा नहीं कर सकते है क्योंकि आपकी उम्मत आपको ऐसा करने की इजाज़त नहीं देती l और यदि आप ऐसा करते भी हैं तो आपको फतवे के कहर से कोई नहीं बचा सकता l ऐसे बहुत कम लोग ही होते हैं जो अपने मज़हब में फ़ैली बुराईयों की मज़म्मत करने की हिम्मत रखते हैं और मुझे यह बात कहने में कोई संकोच नहीं, बल्कि ख़ुशी हो रही है कि हिंदुस्तान में ऐसे लोग भी हैं l वर्तमान विश्व की स्थिति आप देख रहे हैं l अल्लाह का नाम लेकर पूरी दुनिया में क्या-क्या काम हो रहे हैं l फिर भी इस बात की मज़म्मत करने वाला अल्लाह का कोई भी नेक बन्दा सामने आने को तैयार नहीं l अल्लाहुअकबर कहकर पूरी दुनिया में क़त्ल-ओ-ग़ारत करके अल्लाह के नाम को बदनाम करने वालों को मुहतोड़ जवाब देने के लिए हिन्दुस्तान के किसी भी हिस्से में धरना प्रदर्शन देखने को नहीं मिल रहे l इसका कारण क्या है l शायद तैमूरी विचारधारा जो आज भी पूरी दुनिया पर इस्लाम का झंडा लहराने का ख्वाब देख रही है, उसका तरीका गलत हो या सही फर्क नहीं पड़ता l इस विचारधारा के सबसे पहले निशाने पर भारत है इसलिए हमें ऐसी विचारधारा को फैलने से रोकना होगा l पूरे विश्व में भारत ही ऐसा देश है जहाँ आज भी सनातन संस्कृति जीवित है और फल फूल रही है l जहाँ आज भी हमने अपने धर्म को बचा कर रखा है l किन्तु यदि हालात यही रहे और हम यूँ ही मूक दर्शक बने देखते रहे तो वह दिन दूर नही जब हमें

अपने ही देश में शरणार्थियों की तरह रहना पड़ेगा, धर्म और संस्कृति बचाने की तो बात ही छोड़ दीजिये। ये तीन अक्षर का नाम तो भारत में देसी विदेशियों के पुनरागमन की एक शुरुआत मात्र है। ये एक संकेत है कि जिस तैमूर ने हिन्दुस्तान को अपने पैरों तले रौंद डालने की कोशिश की थी उसकी वापसी का सिलसिला हमने शुरू कर दिया है। रोक सको तो रोक लो। हो सकता है कि माँ के प्रभाव से उस अबोध बालक का पालन-पोषण भारतीय परंपरा के दायरे में हो और स्थिति संतुलन में आ जाय किन्तु हिन्दुस्तानियों को तो सावधान रहना ही पड़ेगा क्योंकि आने वाला समय भारत के अस्तित्व के लिए बड़ा कठिन होगा।

8

जागो भारत सन्देश

प्रिय मित्रों ! यदि एकाग्रचित्त होकर पढ़ा जाय तो इस पुस्तक के प्रत्येक अध्याय में अनेकों महत्वपूर्ण सन्देश समाहित हैं जो हमसे यह प्रश्न करते हैं की आज तक हमने अपनी सभ्यता और संस्कृति को बचाने के लिए क्या किया है ? हम सब ने कमाने- खाने और अपनी पीढ़ियों का भविष्य बनाने के चक्कर में इस बात पर ध्यान ही नहीं दिया कि हमारे देश का ही भविष्य अब सुरक्षित नहीं रह गया है l हमारा प्यारा भारत जिसके अलावा हमारे पास दुनिया में कोई दूसरा ठिकाना नहीं है, आज कैसे मोड़ पर आ कर खड़ा हो गया है ? अपने हाथों मे पत्थर लिए बेबाकी से और निर्भीक होकर जब चाहे सड़कों पर निकल आने वाले लोग हमारे पौरुष को खुली चुनौती दे रहे हैं क्योंकि उन्हें पता है कि हमारा पौरुष बलहीन हो चुका है l कश्मीर से शुरू हुआ पत्थरबाजी का ये सिलसिला अब देश के किन-किन हिस्सों तक पहुँच गया है, क्या हमें टीवी और समाचार पत्रों के माध्यम से पता नही चलता ? लेकिन हमने निजी सुरक्षा के लिए अपनी भावी पीढ़ी की सुरक्षा को ही दाँव पर लगा दिया और अभी तक अपने घरों से बाहर नहीं निकले l कुछ लोग सोचेंगे की क्या हम भी हाथों में पत्थर लेकर सड़कों पर आ जाये ? मेरे अजीज़ मित्रों ! हम इंसान हैं जानवर नहीं l हम शिक्षित हैं जाहिल नहीं l इन्हें राष्ट्र की चिंता नहीं लेकिन हमें राष्ट्र की चिंता है l यदि हम भी इन्ही जाहिलों की तरह हाथों मे पत्थर लेकर सड़कों पर आ गए तो हममें और इनमे फर्क ही क्या रह

जायेगा I इससे नुकसान तो अपना ही होगा I हमारे ही देश की अमूल्य संपत्ति नष्ट होगी I हमें इन्हे सबक़ सिखाना होगा लेकिन पूरी तरह से वैध और कानूनी तरीके से जिससे दुनिया और समाज हमारी तरफ संदेह की दृष्टि से न देख सके I इसके लिए आवश्यक है कि कानून की शक्ति हमारे पास हो I सत्ता हमारे हाथों में हो I सर्वोच्च आसन पर वही बैठे जो देश के लिए काम करे I जो तुष्टिकरण की राजनीती से कोसों दूर हो I जो हमारी सभ्यता और संस्कृति के महत्व को समझता हो I जो ये मानता हो कि भारत की पहचान उसकी हजारों हज़ार साल पुरानी सभ्यता और संस्कृति है I जो राष्ट्र को अपने जीवन से अधिक प्रेम करता हो I जो स्वयम को राष्ट्र का स्वामी नहीं बल्कि सेवक मानता हो I जिसमे साहसी निर्णय लेने की अभूतपूर्व क्षमता हो I जो स्वतंत्र मन से और बंधनमुक्त होकर कार्य करता हो I जो उचित-अनुचित के भेद को भलीभांति जनता हो I हाँ हमें ऐसे ही राष्ट्रवादी देशभक्तों को अपना प्रतिनिधि बनाना होगा जो इन राष्ट्रद्रोही शक्तियों को इनका वास्तविक स्थान दिखा सके I

हम सभी ने कश्मीर के हालात को देखा है और आज भी देख रहे हैं I हम कैसे भूल सकते हैं सन १९९० की उस त्रासदी को जब लाखों कश्मीरी हिन्दुओं को अपना घर, अपनी ज़मीन, अपना व्यापार और तो और अपने परिवार तक को छोड़कर और जान बचाकर अपनी जन्मभूमि से भागना पड़ा था I कितने ही हिन्दुओं को केवल इस बात के लिए क़त्ल कर दिया गया कि वे हिन्दू थे I जो बचे वो अपना सब कुछ छोड़कर अपने परिवार को बचाने के लिए रातोरात वहा से भाग आये I और हैरत की बात तो यह है कि तत्कालीन सरकार ने इस विश्वविदित नृशंस नरहत्या के विरुद्ध कोई कदम नहीं उठाया उल्टा इसे यथासंभव दबाने का प्रयास किया गया I यह घटना किसी बाबर या तैमूर के ज़माने की नहीं १९९० के स्वतंत्र भारत की है I जब हम पूरे भारत में एकता और लोकतंत्र के गीत गा रहे थे I यह किसी और देश में नहीं बल्कि हिन्दुस्तान में हुआ I कश्मीर में हुआ I वह कश्मीर जो हमारा है I जिस पर हर हिदुस्तानी का बराबर का हक़ है - वहां रहने का, घुमने का और व्यापार करने का I लेकिन इन तैमूरी लोगों ने लोभी सत्ताओं को अपने नियंत्रण में रखकर सदैव हमारे अस्तित्व को कुचलने का प्रयास किया है I आज भी स्थिति

कुछ बदली नहीं है बल्कि उससे भी अधिक भयानक है l हमारी चुप्पी का ये नतीजा है कि आज भारत में सैकड़ों कश्मीर बन चुके हैं और बन रहे हैं l क्या हमें बंगाल के हालात के बारे में कुछ पता नहीं ? वह बंगाल जो वीरों और क्रांतिकारियों की धरती है l जो कवियों और विद्वानों की धरती है l जो हँसते-हँसते मातृभूमि पर बलिदान हो जाने वाले आज़ादी के परवानों की धरती है l जिसका इतिहास उज्जवल और वीरत्व से भरा है l जो भारतीय संस्कृति का एक प्रमुख गढ़ है l आज वहा किस नृशंसता के साथ हिन्दुओं का दमन किया जा रहा है ये बात किसी से छिपी नहीं है l आज बंगाल से भारी संख्या में हिन्दुओं का पलायन शुरू हो चुका है लेकिन मुझे यह समझ नहीं आता कि हर ओर से प्रताड़ित यह हिन्दू समाज आखिर भाग कर जायेगा कहाँ ? रहना तो आपको भारत मे ही है l दुनिया का ऐसा कौन सा देश है जो आपको शरण दे सके l

दुनिया में हिंदुस्तान ही एकमात्र ऐसा देश है जहाँ आज भी हिन्दू संस्कृति सुरक्षित है l लेकिन देश के ख़राब हालात और बिगड़ते माहौल को देखकर ऐसा नहीं लगता कि हिन्दू समाज अधिक दिनों तक भारत में सुरक्षित रह पायेगा l या तो उसे देश छोड़ना होगा या अपना धर्म l आप अब भी नहीं जागे तो अपना चुनाव कर लीजिये कि आपको देश चाहिए या धर्म ? कश्मीर से हिदुओं का पलायन हो चुका है और बंगाल से हो रहा है l धीरे-धीरे यही स्थिति पूरे देश में आने वाली है l क्योंकि देश के हर हिस्से से कम या अधिक संख्या में हिदुओं का पलायन जारी है l आप बंगाल से भागेंगे, बिहार से भागेंगे, केरल से भागेंगे आंध्र प्रदेश से भागेंगे l कहाँ-कहाँ से भागेंगे और कहाँ भागकर जायेंगे l आप के दुश्मनों ने हर तरफ से आपको घेरा है l फैसला आपको करना है कि लड़ना है या मरना है l मैं हमेशा कहता हूँ कि हमने तो अपना जीवन जी लिया है बचा खुचा और जी लेंगे लेकिन इसका खामियाजा आपकी आने वाली पीढ़ियों को भुगतना पड़ेगा l अगर आप अपनी भावी पीढ़ी को मज़बूत नहीं बनायेंगे तो आने वाले भयानक समय में वह इस पीड़ा को झेल न सकेगी और सदियों से संरक्षित अपनी अमूल्य और अदभुत संस्कृति को खो देगी l इस अपराध के लिए हमें अपनी पीढ़ियों द्वारा कभी माफ नहीं किया जा सकेगा l इसलिए जागिये l समय की मांग है कि भाई-चारे का

सफ़ेद नकाब ओढ़े इन राष्ट्र विरोधी शक्तियों के काले चेहरों को दुनिया के सामने बेनकाब किया जाय l

ये कहते हैं कि हम हिंदुस्तान को अपना मुल्क मानते है l ये हमारा मुल्क है l वो सही कहते हैं l ये उन्ही का मुल्क है क्योंकि आप कुछ ही दिनों में यहाँ से जाने वाले हैं l आपको भाईचारे की ग़लतफ़हमी इसलिए है कि शायद आपने 'हमारा' शब्द से उनका तात्पर्य ठीक से नहीं समझा l वो आपसे बार-बार कहते रहे कि हिंदुस्तान हमारा है और आप समझते रहे कि हिन्दुस्तान हमारा है l उम्मीद है कि आपको यह बात समझ में आ गयी होगी l अगर अब भी नहीं समझे तो हम कब समझेंगे ? उन्होंने १९४७ में मज़हब के आधार पर मुल्क के दो हिस्से किये l कुछ गए कुछ यहीं रह गए l हम कुछ न बोले क्योंकि हमें भाईचारा प्यारा था l उन्होंने अप्रत्यक्ष रूप से कश्मीर को भारत से अलग कर दिया तब भी हम कुछ न बोले क्योंकि हमें भाईचारा प्यारा था l ये खाते हमारे देश की थे लेकिन गाते किसी और की थे l इन्होने कश्मीर तो लिया किन्तु कभी भारत की अर्थव्यवस्था में एक रुपये का भी योगदान नहीं दिया l हम कुछ न बोले क्योंकि हमें भाईचारा प्यारा था l इन्होने १९९० में पांच लाख कश्मीरी हिन्दुओं को निर्ममता के साथ क़त्ल करते हुए उन्हें अपनी मातृभूमि से पलायन करने और अपने ही देश में शरणार्थियों का जीवन जीने पर मजबूर कर दिया l हम तब भी न बोले क्योंकि हमें भाईचारा प्यारा था l हम शांति चाहते थे l पर आज यही लोग अपने हाथो में पत्थर लेकर सड़कों पर निकल आये हैं और हम आज भी हाथों में भाईचारे की बांसुरी लिए धार्मिक एकता के गीत गा रहे हैं l यह समय बांसुरी बजाने और गीत गाने का नहीं बल्कि युद्ध का बिगुल फूंकने का है l ऐसा युद्ध जो शांति के साथ और नियमों के दायरे में रहकर लड़ा जाय l किन्तु यदि हमारी शांतिप्रियता को हमारी निर्बलता समझा जायेगा तो हमें इसका प्रत्युत्तर देने के लिए भी तैयार रहना होगा l यदि हमें अपने अस्तित्व को बचा कर रखना है तो हमें यह बिगुल फूंकना ही होगा अन्यथा आने वाले समय में आपके अस्तित्व को जानने वाला भी कोई नहीं होगा l

भारत के विख्यात विश्वविद्यालयों की स्थिति देख लीजिये l हिदुस्तान में मुसलामानों का एक बुद्धिजीवी वर्ग कहता है कि जब हमने

हिंदुस्तान और पकिस्तान में से हिन्दुस्तान का चुनाव किया था तो हम जिन्ना की सोच को वही छोड़ आये थे l जिसने मुल्क के दो टुडे किये हमें उससे कोई वास्ता नहीं l ये जुमला हमने कई बार न्यूज़ चैनल डिबेट में सुना है l लेकिन कुछ वर्ष पहले जब अलीगढ मुस्लिम विश्वविद्यालय से मोहम्मद अली जिन्ना की तस्वीर जो इन्होने वर्षों से एक आदर्श के रूप में लगाई हुई थी, को हटाने का आदेश पारित हुआ तो केवल यूनिवर्सिटी ही नहीं पूरे हिन्दुस्तान में हडकंप मच गया l लोग सड़कों पर निकल आये l विरोध प्रदर्शन होने लगे l यहाँ तक कि इतनी सी बात पर ही भारत की बर्बादी की कामनाएं की जाने लगीं l अब इसे मक्कारी न कहें तो क्या कहें ? आपको भूलना नहीं चाहिए कि पाकिस्तान बनाने के विचार का जन्म इसी यूनिवर्सिटी से हुआ था तो उसका प्रभाव तो छलकेगा ही l देश के एक और विख्यात विश्वविद्यालय जवाहर लाल नेहरु यूनिवर्सिटी (JNU) की ओर दृष्टि घुमाइये l विद्या के इस मंदिर में मार्क्सवाद और समाजवाद के नाम पर क्या-क्या हो रहा है ? कुछ समय पहले इसी विश्वविद्यालय से निकलकर कैसे-कैसे नारे पूरे देश में गूँज रहे थे – **अफ़ज़ल हम शर्मिंदा हैं तेरे कातिल जिंदा हैं l भारत तेरे टुकड़े होंगे इंशा अल्ला इंशा अल्ला l अपनी जंग रहेगी जारी भारत की बर्बादी तक** lइनके जैसे और भी कई नारे l ये हमें क्या संकेत देना चाहते हैं क्या हम अब भी नहीं समझे ? यदि नहीं समझे तो अपना सामान बाँध कर रखिये क्योंकि इनके अंतिम प्रहार के समय आपको सामान बाँधने का भी समय नहीं दिया जायेगा l

कुछ उदारवादी लोगों ने कहा और हुकूमतों ने भी कहा कि ये भटके हुए लोग है l इन्हें भटकाया जा रहा है l मुझे समझ नहीं आता कि हर बार यही क्यों भटकते हैं l क्या हिंदुस्तान में भटकने का ठेका केवल इन्होने ही ले रखा है l अब इन्हें पता लगना चाहिए कि हिंदुस्तान की मुल्क परस्त आवाम अगर थोड़ा सा भी भटक गयी तो स्थिति गंभीर से भी गंभीर होगी l इस सम्बन्ध में कुछ वर्ष पहले इसी विश्वविद्यालय की एक और घटना का वर्णन करना चाहूँगा l यह घटना उस समय समाचार पत्रों एवं टेलीविज़न पर काफी समय तक चर्चा का विषय बनी रही थी l जवाहर लाल नेहरु विश्वविद्यालय, नई दिल्ली में एक अंतर्राष्ट्रीय

मुशायरे का आयोजन किया गया l देश-विदेश के शायरों ने इसमें हिस्सा लिया l देश अर्थात भारत और विदेश अर्थात पाकिस्तान l मुशायरा शुरू हुआ और कवियों ने अपनी कवितायेँ पढना शुरू किया l कुछ ही समय में इन तथाकथित शायरों ने भारत के खिलाफ ज़हर उगलना शुरू कर दिया l उसी सभा में कविता के शौक़ीन दो हिन्दुस्तानी सिपाही (सेना के जवान) वही बैठे थे जो मुशायरा सुनने के लिए आये हुए थे l देश के सिपाही अपनी आँखों के सामने भला देश का अपमान कैसे बर्दाश्त करते l वो केवल दो थे फिर भी उन्होंने खड़े होकर इन देशविरोधी भाषणों पर आपत्ति जताई l और उनके इन विचारों को गलत बताया l ज़रा हिम्मत तो देखिये इन देशी आतंकवादियों की l उन्होंने इन जवानों पर हमला कर दिया l जवानों ने अपने परिचय पत्र दिखाए और बताया कि वे फौज से है l लेकिन जाहिल तो जाहिल ही होते हैं l उन्होंने दुगनी गति से उन पर प्रहार करना शुरू कर दिए l मजबूरन एक सिपाही को अपनी पिस्तौल निकालकर हवा में फायर करना पड़ा l इस तरह वे उन जाहिलों के दल से निकल सके l बताईये, देश विदेश के बड़े-बड़े मुशायरों में शिरकत करने वाले ये लोग भी भटके हुए हैं l मुझे तो नहीं लगता l

इस पुस्तक के माध्यम से जागो भारत मिशन का यही सन्देश है कि १३९८ में जो सिलसिला तैमूर ने शुरू किया था वह अभी थमा नहीं है l उस वक़्त एक तैमूर ने हिन्दुस्तान की अस्मिता पर हमला किया था आज हजारों तैमूर भारत की ओर घात लगाकर बैठे हैं l वो तैमूर समरकंद से आया था लेकिन आज हिदुस्तान में ही तैमूर पैदा हो रहे हैं l हम भले ही इसे गंभीरता से न लें लेकिन यह भारत की अस्मिता के लिए गहरी चिंता का विषय है l

मित्रों हमने जिस देश मे जन्म लिया है, जहाँ से हमने जीवन पाया है और जीवन जीने की कला सीखी है उस मातृभूमि के प्रति हमारा नैतिक दायित्व है कि हम इसकी अस्मिता और सुरक्षा के प्रति सतर्क और जागरूक रहे l सरकारें तो अपना काम करती रहेंगी किन्तु हमारी भी ज़िम्मेदारी है की राष्ट्र की आतंरिक सुरक्षा में रूचि लेकर ऐसे तत्वों को उखाड़ फेंकें जो इसे विनाश की ओर ले जाना चाहती हैं l हमारे पूर्वजों ने जिस देश का स्वप्न देखा था हमें वैसे ही भारत का निर्माण करना है l

आज पूरा विश्व हमे जानता है, हमारा सम्मान करता है, हमारी अदभुत और गौरवशाली संस्कृति को अपनाना चाहता है l आज लाखों विदेशी लोगों ने हमारी संस्कृति को दिल से अपनाया है और इसका अनुसरण भी कर रहे हैं l किन्तु हमारे ही देश में गजवा-ए-हिन्द का ख्वाब देखने वाले कुछ द्रोहियों को देश की तरक्की रास नहीं आ रही l अभी तक ये शक्यियाँ परदे के पीछे से हम पर वार करती रहीं हैं लेकिन हुकूमत के अंदाज़ में आये बदलाव से बौखलाए ये लोग अब नीचता पर उतर आए हैं और गलियों में पत्थर लेकर घूमने लगे हैं l इन पत्थरों को बंदूकों और तलवारों मे बदलने में देर न लगेगी इसलिए घरों से बहार निकलकर भावी संघर्ष की तयारी करिए l

जागो मेरे देश के लोगों भारत माता करे पुकार
चहुँ ओर कोहराम मचा है और मची है हाहाकार
भारत माता पूंछ रही है तुम अब भी क्यों सोये हो?
दुश्मन घर तक घुस आया है और कर रहा अत्याचार
कुछ अंदर के लोगों ने ही इनको दिया निमंत्रण है
शक्ल बदलने की कोशिश में ये सारा षड्यंत्रण है
कुछ भी हो पर मेरी माँ की शक्ल न बदली जाएगी
देश बचाने के खातिर हर हिन्दुस्तानी है तैयार

प्रिय मित्रों ! आपने इस पुस्तक को प्रेम और आदर के साथ अंत तक पढ़ा इसके लिए आपका कोटि-कोटि धन्यवाद l आप भी जागो भारत मिशन का एक अंग बनिए और इस पुस्तक को पढने के बाद आगे बढाइये ताकि आधुनिक भारत की आवाज घर-घर तक पहुँच सके l अपने अमूल्य विचार अवश्य हम तक पहुँचायें l

धन्यवाद
वन्दे मातरम
जय हिन्द
भारत माता की जय

Printed by Libri Plureos GmbH in Hamburg,
Germany